Martin Stiefenhofer, Barbara Korthues
Spiele für drinnen und draußen

SERIE PIPER

Zu diesem Buch

Zeit zum Spielen ist immer, und Möglichkeiten dazu finden sich überall. Egal, ob allein oder in der Gruppe, ob am Wasser, auf der Ferienreise oder zu Hause: Die Spielideen dieses Buchs lassen garantiert keine Langeweile aufkommen. Die wichtigsten Voraussetzungen bringt jedes Kind selbst mit: Fantasie, Geschicklichkeit, Begeisterungsfähigkeit und Ausdauer. Was man darüber hinaus braucht, ist in jedem Haushalt vorhanden: ein Würfel, ein Ball oder ein paar Münzen. Von Kreisspielen und Wasserspielen über Münz- und Murmelspiele bis zu Hüpf- und Laufspielen und Spielen für unterwegs – in diesem Buch sind 140 tolle Ideen versammelt, die den Bewegungsdrang und die Kreativität von Kindern aller Altersstufen fördern.

Martin Stiefenhofer, geboren 1962 in Ravensburg, studierte Pädagogik und Germanistik in Heidelberg, wo er an der Pädagogischen Hochschule und am Erziehungswissenschaftlichen Institut der Universität tätig war. Er hat mehrere Bücher zum Thema Erziehung und Pädagogik veröffentlicht sowie das erfolgreiche Buch »Schöne alte Kinderspiele«. Heute lebt er als freier Redakteur in Freiburg.
Barbara Korthues, geboren 1971, studierte Illustration an der Fachhochschule Münster, Fachbereich Design. Seit 1996 arbeitet sie als freie Illustratorin für verschiedene Zeitschriften- und Buchverlage. Sie lebt und arbeitet in Köln.

Martin Stiefenhofer
Barbara Korthues

Spiele für drinnen und draußen

Ideen für Kinder aller Altersstufen

Mit zahlreichen farbigen Abbildungen

Piper München Zürich

Von Martin Stiefenhofer liegen in der Serie Piper vor:
Schöne alte Kinderspiele (mit Gisela Dürr, 3509)
Spiele für drinnen und draußen (mit Barbara Korthues, 4092)

Ungekürzte Taschenbuchausgabe
Piper Verlag GmbH, München
Mai 2004

Umschlag/Bildredaktion: Büro Hamburg
Isabel Bünermann, Friederike Franz,
Charlotte Wippermann, Katharina Oesten
Umschlagabbildungen: Barbara Korthues
Satz: Alberto Salamanca, München
Druck und Bindung: Clausen & Bosse, Leck
Printed in Germany ISBN 3-492-24092-5

www.piper.de

Inhalt

Zeit zum Spielen

Was gibt es Interessanteres, als – möglichst zusammen mit anderen Kindern – über Steinplatten zu gehen, ohne auf die Rillen dazwischen zu treten, die eigene Geschicklichkeit beim Münzen- und Murmelwerfen unter Beweis zu stellen oder sich den Kopf über einem spannenden Rätsel zu zerbrechen? Egal, ob drinnen oder draußen, allein oder in der Gruppe, ob im Wasser oder auf der Ferienreise, Zeit zum Spielen ist immer, und es gibt fast keinen Ort, an dem nicht gespielt werden kann.

Das Zeug dazu bringt jedes Kind mit: Fantasie, Begeisterungsfähigkeit, Ausdauer, Ehrgeiz, Geschicklichkeit, Witz – der Spaß kommt dann von ganz allein dazu. Viel mehr braucht es meist auch gar nicht, vielleicht noch einen Würfel, ein paar Streichhölzer, Steine, Stöckchen, einen Ball oder Münzen; Dinge, die sich in jedem Haushalt finden oder die die Natur überall bereithält.

Vorgefertigtes Spielzeug wie Ritterburgen, Fantasyfiguren oder Sciencefiction-Jets regen zwar auch zum Spielen an. Doch die Rollen und Handlungsabläufe sind meist durch Fernsehserien oder Videofilme so vorgeprägt, dass die Faszination fehlt, die vom Gestalten durch die eigene Fantasie ausgeht. Wenn nur in Filmen gesehene Erlebnisse nachgespielt werden können und Figurenrollen eindeutig festgelegt sind, wird das Spiel schnell eintönig, oft sogar richtig langweilig.

Ganz anders dagegen die Spiele, bei denen Knöpfe zu Schätzen und Zeitungsseiten zu tiefen Seen werden. Mit wenigen Worten lässt sich ein Szenarium entwerfen, das jeder Spieler nachvollziehen und zu dem jeder etwas beitragen kann. Je einfacher die Materialien und die Ideen sind, desto besser klappt das Zusammenspiel. Das Einhalten und Abwandeln der Regeln, die gegenseitige Unterstützung und die Freude am eigenen Können machen das gemeinsame Spiel zu einem unvergleichlichen Erlebnis. Gemeinsam werden die besten Ideen entwickelt, und jeder entdeckt neue, ungeahnte Seiten und Möglichkeiten. Im Spiel zeigt sich, dass viel mehr in jedem steckt, als die anderen vermutet hätten oder man selbst gedacht hätte.

Nicht das Gewinnen als Ergebnis ist Anreiz und Ziel, sondern das Handeln, das Aktivieren der eigenen grauen Zellen und der Muskeln sowie das Kommunizieren mit den Mitspielenden. So steht bei den Ideen in diesem Buch das Spielereignis in vielfältiger Form im Mittelpunkt. Spiele zum Austoben und Ausruhen, zum Raten und Knobeln, Spiele für altersgemischte Gruppen oder Ideen, die jeder für sich allein umsetzen kann – in diesem Buch findet sich für Kinder zwischen 4 und 10 und für jede Gelegenheit das richtige Spiel.

Tick
TickTick

Kreisspiele

Egal, ob ihr rund um einen Tisch sitzt oder im Kreis steht, alle Spiele in diesem Kapitel haben etwas mit dem Kreis zu tun. Im Kreis kann man alle anderen Mitspieler gut sehen. Würfel, Bälle und andere Dinge können schnell herumgereicht werden, aber auch eine Abkürzung, ein Richtungswechsel und andere Überraschungen sind möglich. Ein Mitspieler innerhalb oder außerhalb des Kreises hat immer eine besondere Aufgabe, die er entweder schnell wieder loswerden oder so lang wie möglich behalten möchte. Doch bei Kreisspielen geht alles rundum, von einem zum anderen, und so wechseln sich auch die Positionen immer ab.

Stoffel

Alle Mitspieler sitzen im Kreis. Einer, der »Stoffel«, hält eine Münze in der Hand und gibt sie nach rechts weiter. Dabei sagt er: »Stoffel hat die Münze verloren, Frank hat sie gefunden.« Frank, so heißt der Mitspieler rechts neben »Stoffel«, gibt sie wieder nach rechts weiter, beispielsweise an Rita, die dann sagen muss: »Stoffel hat die Münze verloren, Frank hat sie gefunden und auch verloren.« Dann gibt sie die Münze wieder weiter, etwa zu Michael, der dann sagt: »Stoffel hat die Münze verloren, Frank hat sie gefunden und auch verloren, Rita hat sie gefunden und auch verloren.« So geht das Spiel weiter, bis einer der Mitspieler einen Fehler macht, etwa statt »Stoffel« den richtigen Namen des Mitspielers sagt, der die Runde begonnen hat, oder einen anderen Namen auslässt. Nun ist der nächste Spieler der »Stoffel«. Das Spiel ist beendet, wenn alle einmal »Stoffel« waren.

Spieler: Mindestens 5 • **Alter:** 4 bis 8 • **Spielort:** Draußen oder drinnen
Spieldauer: Etwa 15 Minuten • **Material:** 1 Münze

Freche Diebe

Auf den Boden wird ein etwa zwei Meter großer Kreis gemalt. Im Kreis liegen die Steine verstreut. Durch Auszählen wird der Wächter des Kreises bestimmt. Er stellt sich in den Kreis. Alle anderen sind die frechen Diebe und müssen versuchen, so viele Steine wie möglich zu stehlen. Dabei dürfen sie aber möglichst nicht vom Wächter abgeschlagen werden. Wer als Erster dreimal abgeschlagen wird, ist in der nächsten Spielrunde Wächter. Das Spiel ist zu Ende, wenn alle Steine stibitzt wurden oder jeder der frechen Diebe dreimal vom Wächter abgeschlagen wurde.

Spieler: Mindestens 3 • **Alter:** 4 bis 10 • **Spielort:** Draußen • **Spieldauer:** Etwa 5 Minuten • **Material:** 1 Kreide, etwa 30 mittelgroße Steine

Blind fangen

Alle bilden einen großen Kreis. Durch Auszählen wird der Fänger bestimmt. Er stellt sich in die Mitte des Kreises und bekommt die Augenbinde umgebunden. Er sieht nun nichts mehr, und unter den restlichen Mitspielern wird stumm ausgezählt, wer ebenfalls in den Kreis muss. Auf ein Startsignal hin versucht der blinde Fänger, auf einem Bein hüpfend das andere Kind im Kreis zu fangen. Dieses Kind darf ausweichen, aber insgesamt nur 15 Schritte machen. Die Schritte werden von den anderen laut mitgezählt. Berührt der Fänger das Kind, bevor es die 15 Schritte gemacht hat, darf er die Augenbinde weitergeben, sonst bleibt er eine weitere Runde der blinde Fänger.

Spieler: Mindestens 6 • Alter: 4 bis 10 • Spielort: Draußen
Spieldauer: Etwa 5 Minuten • Material: Augenbinde

Geschichten erfinden

Alle stehen im Kreis, und einer beginnt mit einem Satz, der etwa so lauten könnte: »Die Sonne scheint.« Der Nächste nimmt den Satz und fügt einen weiteren hinzu, vielleicht: »Die Sonne scheint. Es ist Sommer.« Der dritte Mitspieler kann nun fortfahren: »Die Sonne scheint. Es ist Sommer. Mir ist sehr heiß.« Der vierte Mitspieler ergänzt beispielsweise: »Die Sonne scheint. Es ist Sommer. Mir ist sehr heiß. Ich esse ein Eis.« So geht das weiter im Kreis, bis ein Mitspieler einen Fehler macht und damit ausscheidet. Damit das Spiel nicht zu schwierig wird, sollten es immer nur sehr kurze Sätze sein.

Spieler: Mindestens 4 • Alter: 6 bis 10 • Spielort: Draußen oder drinnen
Spieldauer: Etwa 5 Minuten • Material: Keines

Plätze wechseln

Alle Mitspieler sitzen im Kreis auf Stühlen oder auf dem Boden. Durch Auszählen wird bestimmt, wer mit verbundenen Augen raten soll. Die anderen zählen jetzt durch, und der Ausgezählte merkt sich die Stimmen gut. Dann bekommt er die Augenbinde umgebunden, sodass er nichts mehr sehen kann. Leise tauschen zwei Mitspieler die Plätze, dann wird wieder durchgezählt. An den Stimmen muss der blinde Mitspieler jetzt erkennen, wer die Plätze getauscht hat, z. B.: »Nummer drei war vorher Nummer fünf und umgekehrt.« Hat er falsch geraten, werden erneut Plätze getauscht, und er bekommt eine weitere Gelegenheit, die vertauschten Stimmen zu erkennen. Rät er richtig, muss ein anderer Mitspieler mit verbundenen Augen raten. Das Spiel ist zu Ende, wenn alle einmal raten durften.

Spieler: Mindestens 6 • **Alter:** 4 bis 10 • **Spielort:** Draußen oder drinnen
Spieldauer: Etwa 15 Minuten • **Material:** 1 Augenbinde

Bis zum letzten Blatt

Bei diesem Würfelspiel wird reihum im Kreis mit zwei Würfeln gleichzeitig gewürfelt. Je nach Anzahl der Würfelaugen muss jeder eine entsprechende Anzahl Blätter von der Toilettenpapierrolle abreißen und vor sich legen. Nur wer zwei Einsen würfelt, darf sechs Blätter wieder zurücklegen. Gespielt wird so lang, bis alle Blätter unter den Mitspielern verteilt sind. Wer das letzte Blatt von der Rolle nehmen musste, dem werden zehn Blätter abgezogen. Dann wird gezählt. Wer am wenigsten Blätter vor sich liegen hat, ist der Gewinner.

Spieler: Mindestens 2 • **Alter:** 4 bis 10 • **Spielort:** Draußen oder drinnen • **Spieldauer:** Etwa 10 Minuten • **Material:** 1 Rolle Toilettenpapier, 2 Würfel

Linsen und Erbsen lesen

Alle Mitspieler sitzen im Kreis um den Tisch. In der Tischmitte liegen die getrockneten Erbsen und Linsen bunt vermischt. Reihum ist nun einer nach dem anderen an der Reihe, so viele Linsen wie möglich herauszulesen und durch den Flaschenhals zu stecken. Jeder Mitspieler hat dafür 30 Sekunden Zeit, dann muss er die Flasche umdrehen und seine gesammelten Linsen vor sich auf dem Tisch ausschütten. Danach reicht er die Flasche weiter, und für den nächsten beginnt die Zeit der Linsenlese. Wenn alle einmal an der Reihe waren, wird gezählt, wer am meisten Linsen gelesen hat. Jede Linse ergibt einen Punkt, wobei für jede falsch aufgelesene Erbse wieder ein Punkt abgezogen wird.

Spieler: Mindestens 3 • **Alter:** 4 bis 10 • **Spielort:** Drinnen • **Spieldauer:** Etwa 5 Minuten • **Material:** 1 leere Flasche, 1 Packung getrocknete Erbsen, 1 Packung getrocknete Linsen, 1 Uhr

Katz und Maus

Durch Abzählen bestimmt ihr, wer als Erster die Maus ist. Alle anderen setzen sich in einem großen Kreis im Schneidersitz auf den Boden, mit dem Gesicht zur Kreismitte. Die Maus zieht sich einen Schuh aus und hüpft in großen Sprüngen außen um den Kreis herum. Dabei hält sie den Schuh in der Hand und legt ihn so unauffällig wie möglich hinter einen der Mitspieler, der so zur Katze wird. Sobald er gemerkt hat, dass der Schuh hinter ihm liegt, muss er den Schuh nehmen und ebenfalls auf einem Bein der Maus hinterherhüpfen. Die Maus versucht, der Katze zu entkommen und deren Platz im Kreis einzunehmen. Gelingt ihr das, bekommt sie ihren Schuh wieder, und die Katze wird zur Maus. Erwischt jedoch die Katze die Maus, bevor diese den leeren Platz erreicht hat, muss die Maus ihr Glück noch einmal versuchen.

Spieler: Mindestens 6 • **Alter:** 4 bis 10 • **Spielort:** Draußen oder drinnen **Spieldauer:** Etwa 10 Minuten • **Material:** Keines

Zeitbombe

Stellt den Küchenwecker so ein, dass er innerhalb von zwei bis drei Minuten klingelt. Dann kommt der Wecker in einen Schuhkarton und wird im Kreis weitergereicht. Jeder muss den Karton mindestens drei Sekunden in der Hand halten. Alle zählen mit: »21, 22, 23!« Frühestens jetzt darf der Mitspieler den Karton weitergeben, er kann ihn aber auch ein paar Sekunden länger behalten. Je mehr Zeit verstreicht, desto spannender wird das Spiel, denn derjenige, der den Karton in Händen hält, wenn der Wecker klingelt, scheidet aus. Der Wecker wird nun erneut gestellt, und die restlichen Mitspieler machen dann so lang weiter, bis nur noch einer übrig bleibt.

Spieler: Mindestens 4 • **Alter:** 4 bis 10 • **Spielort:** Draußen oder drinnen • **Spieldauer:** Etwa 15 Minuten
Material: 1 Schuhkarton, 1 Küchenwecker

Streichhölzer auswürfeln

Ein paar Schachteln Streichhölzer werden auf dem Tisch entleert. Dann wird reihum gewürfelt. Jeder Mitspieler darf so viele Streichhölzer wegnehmen, wie er Augen gewürfelt hat. Dabei müssen die letzten Streichhölzer mit einem glatten Wurf herausgewürfelt werden, das heißt, wenn nur noch drei Streichhölzer in der Mitte liegen, bekommt sie der Mitspieler, der eine Drei würfelt. Wer das letzte Streichholz nehmen konnte, bekommt fünf Extrapunkte. Nun zählt jeder seine Streichhölzer. Pro Streichholz gibt es einen Punkt. Gewonnen hat der Mitspieler mit der höchsten Punktzahl.

Spieler: Mindestens 2 • **Alter:** 4 bis 10 • **Spielort:** Drinnen • **Spieldauer:** Etwa 10 Minuten • **Material:** 1 Würfel, viele Streichhölzer

Oooo und Aaaa

Stellt euch alle in einem großen Kreis auf. Alle strecken die Hände vor, zappeln mit den Fingern und brummen ein tiefes »Ooooooo«. Ein zuvor bestimmter Mitspieler wirft dann plötzlich die Arme hoch, ruft laut »Aaaaaa« und lässt sie sofort wieder sinken. Kurz nach ihm wirft sein rechter Nachbar ebenfalls die Arme mit einem begeisterten »Aaaaaa« in die Luft. So geht die Welle ein paarmal im Kreis. Ist sie verebbt, weil euch die Puste ausgegangen ist oder ein Spieler nicht schnell genug reagiert hat, darf der nächste Mitspieler die Welle »zünden«. Der wirft die Arme hoch und geht nach dem »Aaaaaa« in die Hocke, was alle anderen ebenfalls nachmachen müssen. So kommt von Welle zu Welle ein anderer Bewegungsablauf zu Stande, und das Spiel wird immer schwieriger und interessanter.

Spieler: Mindestens 7 • **Alter:** 4 bis 10 • **Spielort:** Draußen oder drinnen
Spieldauer: Etwa 5 Minuten • **Material:** Keines

Flaschendrehen

Setzt euch alle in einem großen Kreis im Schneidersitz auf den Boden. Ein Mitspieler hat eine leere Flasche vor sich. Er denkt sich nun eine Aufgabe aus, die derjenige ausführen muss, auf den der Flaschenhals nach dem Drehen zeigt. Solche Aufgaben könnten z. B. sein: Dreimal ums Haus laufen und rufen: »Ich bin ein bisschen verrückt!«, den anderen Mitspielern ein Getränk aus dem Kühlschrank holen, so schnell wie möglich in den Keller und wieder hoch laufen usw. Nachdem die Aufgabe gestellt ist, dreht der Mitspieler die liegende Flasche mit Schwung, und alle warten gespannt, auf wen die Öffnung zeigt. Wenn dieser Mitspieler die Aufgabe erfüllt hat, ist er der nächste Aufgabensteller und darf die Flasche drehen.

Spieler: Mindestens 4 • **Alter:** 4 bis 10 • **Spielort:** Draußen oder drinnen
Spieldauer: Etwa 5 Minuten • **Material:** 1 leere Flasche

Naturspiele

Täglich sind wir umgeben von der Natur. Sie ist so selbstverständlich, dass wir sie oft gar nicht mehr wahrnehmen. Die Bäume, Sträucher und Blumen im Park, am Straßenrand oder im Wald sind Teil unserer natürlichen Umwelt. Was man alles aus Blättern, Steinen, Federn, Blüten und so weiter machen kann, dazu bekommt ihr im folgenden Kapitel ein paar Anregungen. Also: Augen auf beim Spazierengehen! Achtet auf die vielen verschiedenen Farben und Formen, die die Natur überall bereithält, und macht etwas Besonderes daraus.

Naturhalskette

Sammelt draußen in der Natur, was euch gefällt: Blütenköpfe, Blätter, Federn, Schneckenhäuschen, seltsam geformte Holzstückchen usw. Die Dinge sollten alle nicht zu groß sein, denn ihr

wollt eine Halskette daraus zusammenstellen. Holzstücke, Schneckenhäuschen und ähnliche Gegenstände solltet ihr sorgfältig waschen und trocknen. Legt alle Naturdinge nebeneinander, und überlegt euch, wie sie am schönsten an einer Halskette aussehen. Der prächtigste Gegenstand kommt in die Mitte, die anderen vielleicht jeweils seitengleich links und rechts davon. Fädelt die Gegenstände dann auf die Schnur, oder knotet sie fest.

Spieler: Mindestens 1 • Alter: 4 bis 10 • Spielort: Draußen und drinnen • Spieldauer: Etwa 15 Minuten • Material: Naturmaterialien, dünne Schnur, 1 Schere

Bilderrahmen rustikal

Sammelt für einen rustikalen Rahmen kleine Äste, Blüten, Blätter, bunte Steine und was ihr sonst noch so finden könnt. Blätter und Blüten solltet ihr entweder pressen oder ein paar Tage trocknen lassen. Schneidet aus dünnem Karton ein Stück aus, das rundum ein bisschen größer ist als das Bild, das ihr einrahmen wollt. Klebt das Bild mittig auf den Karton. Diesen Rahmen könnt ihr jetzt nach Lust und Laune mit den Dingen bekleben, die ihr gesammelt habt. Besonders schön sieht es aus, wenn ihr den Karton vor dem Bekleben mit Stiften bunt anmalt.

Spieler: Mindestens 1 • Alter: 4 bis 10 • Spielort: Draußen und drinnen
Spieldauer: Etwa 20 Minuten • Material: Naturmaterialien, Karton, 1 Schere, Klebstoff

Natur-Stillleben

Sucht auf der Wiese oder im Wald nach Blättern, Ästchen, Eicheln, Hagebutten, Rindenstücken, Moos, Schneckenhäusern, schönen Steinchen, Blüten, Federn und was ihr sonst noch alles finden könnt. Tauscht untereinander die Sachen aus, sodass ihr alle die gleichen Dinge zum Gestalten eures Stilllebens habt. Dann nehmt ihr einen Schuhkarton ohne Deckel und stellt ihn mit der Öffnung nach oben vor euch. Jetzt könnt ihr mit Klebstoff den Boden und die Innenwände des Kartons mit dem gesammelten Material bekleben. Ihr könnt z. B. eine Wiese nachbilden oder eure Fundstücke farblich passend zusammenstellen. Schaut möglichst nicht darauf, wie die anderen ihr Stillleben gestalten. Ihr habt zwar beinah die gleichen Materialien, doch ihr werdet erstaunt sein, wie unterschiedlich am Schluss die Kartons gestaltet sind.

Spieler: Mindestens 2 • **Alter:** 4 bis 10 • **Spielort:** Draußen und drinnen • **Spieldauer:** Etwa 30 Minuten • **Material:** Naturmaterialien, für jeden Spieler 1 Schuhkarton, Klebstoff

Astmikado

Beim Mikado-Spiel müssen aus einem Haufen Holzstäbchen einzelne Stäbchen weggenommen werden, ohne dass sich die anderen bewegen. Beim Astmikado ist das genauso, nur in größerem Maßstab. Sammelt zuerst Äste und Zweige in unterschiedlichen Größen. Achtet dabei darauf, dass sie möglichst wenig Nebenäste haben und gerade gewachsen sind. Sortiert sie dann nach Größe, sodass ihr verschiedene Häufchen mit jeweils etwa 20 Ästen und Zweigen habt. Nun darf jeder Mitspieler beim kleinsten Mikado-Haufen beginnen. Er muss versuchen, einen Ast wegzunehmen, ohne dass sich ein anderer bewegt. Gelingt ihm das, darf er weitermachen. Sobald jedoch ein anderer Ast wackelt, geht er zum nächstgrößeren Holzstapel und versucht dort sein Glück. Dann beginnt der nächste Mitspieler beim kleinsten Haufen. Beim Astmikado passiert es viel leichter, dass sich ein anderer Ast doch bewegt, und so ist ein kleines Wackeln schon erlaubt. Gemeinsam stellt ihr fest, ob es zu stark gewackelt hat oder ob der Mitspieler noch einen Versuch bekommt.

Spieler: Mindestens 2 • **Alter:** 4 bis 10 • **Spielort:** Draußen • **Spieldauer:** Etwa 10 Minuten • **Material:** Äste und Zweige

Naturknete

Die wichtigste natürliche Modelliermasse ist Ton, aber diese besondere Erde ist nur an bestimmten Stellen zu finden. Ihr könnt jedoch auch aus ganz normalem Sand eine natürliche Knete machen. Dazu verrührt ihr einen Becher Stärkemehl mit einem Becher kaltem Wasser in einem alten Topf. Dann schüttet ihr zwei Becher Sand dazu und erhitzt das Ganze unter ständigem Rühren auf dem Herd. Sollte die Masse etwas zu dünn sein, müsst ihr etwas Sand dazugeben. Wenn die Knete abgekühlt ist, könnt ihr damit modellieren.

Spieler: Mindestens 2 • **Alter:** 6 bis 10 • **Spielort:** Draußen und drinnen • **Spieldauer:** Etwa 30 Minuten • **Material:** Stärkemehl, Sand, Wasser, 1 alter Topf, 1 alter Kochlöffel

Naturtinte

Naturfarben könnt ihr aus allen möglichen Naturmaterialien gewinnen, vor allem aber aus Beeren. Sammelt also draußen verschiedene Arten von Beeren, Blättern und Gräsern. Dann füllt ihr die Beeren in Plastikbecher (z. B. leere Jogurtbecher) und zerdrückt sie sorgfältig mit einem Löffel oder einem dicken Ast. Filtert die Flüssigkeit heraus, indem ihr die Masse durch ein Sieb streicht. Den so gewonnenen farbigen Saft verdünnt ihr mit einem Teelöffel Essig und ein paar Prisen Salz. Verrührt die Mischung sorgfältig. Tunkt einen dünnen Ast in die Naturtinte, und versucht damit zu schreiben oder zu zeichnen. Stellt fest, wer die intensivste Naturtinte hergestellt hat, und tauscht untereinander die Farben aus. Reife Brombeeren und Blaubeeren geben eine sehr kräftige Farbe ab. Mischt den Saft dieser Beeren mit der Flüssigkeit aus zerdrückten Blättern, um immer neue Farbtöne zu erhalten.

Spieler: Mindestens 1 • **Alter:** 4 bis 10 • **Spielort:** Draußen und drinnen • **Spieldauer:** Etwa 30 Minuten • **Material:** Beeren, Blätter und Gräser, mehrere Plastikbecher, Teelöffel, 1 altes Teesieb, Essig, Salz, kleine Äste

Naturmemory

Ein Mitspieler sammelt aus der näheren Umgebung 10 bis 15 verschiedene Gegenstände. Das können Blumen sein, Rindenstücke, Kastanien, Eicheln, Blätter usw. Von jedem bringt er nur ein Exemplar mit. Diese Dinge legt er sorgfältig nebeneinander und deckt sie mit einem Tuch ab. Jetzt dürfen sich alle Mitspieler um das Tuch versammeln. Das Tuch wird weggezogen, und alle betrachten eine Minute lang die gesammelten Dinge, bevor sie wieder zugedeckt werden. Dann schwärmen die Spieler aus, um innerhalb von fünf Minuten genau die gleichen Gegenstände zu sammeln. Zuletzt wird verglichen, wer am meisten Übereinstimmungen hat.

Spieler: Mindestens 3 • **Alter:** 4 bis 10 • **Spielort:** Draußen • **Spieldauer:** Etwa 30 Minuten • **Material:** Dinge aus der Natur, 1 Tuch

Naturkunde

Alle Mitspieler bekommen 10 bis 20 kurze Wollfäden. Jedes Kind hat eine eigene Farbe. Dann gehen alle allein oder zu zweit und schauen sich die Pflanzen in der Umgebung genau an. Alle Blumen, Sträucher und Bäume, die ein Mitspieler kennt, schmückt er mit einem bunten Wollfaden. Nach einer festgelegten Zeit, etwa zehn Minuten, versammeln sich alle wieder. Gemeinsam begutachten die Mitspieler jetzt die verschiedenen Pflanzen. Jeder muss erzählen, was er über die Blumen, Sträucher und Bäume weiß, die er mit seiner Farbe markiert hat. Dann werden die Wollfäden wieder eingesammelt.

Spieler: Mindestens 3 • **Alter:** 4 bis 10 • **Spielort:** Draußen • **Spieldauer:** Etwa 30 Minuten • **Material:** Verschiedenfarbige Wollfäden

Naturmobile

Am Anfang dieses Spiels steht ein ausgedehnter Spaziergang durch Wiesen und Wälder. Unterwegs sammelt ihr alles auf, was euch gefällt: Vogelfedern, bunte Blätter, Blüten, Kastanien, Getreidehalme usw. Gegen Ende des Spaziergangs nehmt ihr noch einen abgebrochenen, nicht allzu großen Ast mit. Jetzt habt ihr alles, was ihr für euer Naturmobile braucht. Dann schneidet ihr aus der Schnur verschieden lange Stücke und bindet damit die einzelnen Gegenstände an den Zweigen des Astes fest. Den Ast befestigt ihr entweder im Garten an einem Baum oder irgendwo in eurem Zimmer.

Spieler: Mindestens 1 • **Alter:** 4 bis 10 • **Spielort:** Draußen und drinnen • **Spieldauer:** Etwa 30 Minuten • **Material:** Naturmaterialien, 1 Ast, Schnur, 1 Schere

Blüten- und Blätterherbarium

Ein Blätter- und Blütenherbarium könnt ihr fast zu jeder Jahreszeit machen. Beim Gang durch die Natur werdet ihr die verschiedensten Blätter und Blüten an Bäumen, Sträuchern und Blumen entdecken, die für eure Sammlung bestens geeignet sind. Sie werden flach zwischen Zeitungspapierbögen gelegt und unter schweren Büchern gepresst. Nach ein paar Tagen sind die Pflanzenteile getrocknet und ganz platt. Nun könnt ihr sie in das leere Heft einkleben und beschriften. Ihr könnt euch auch die Arbeit teilen. Ein Mitspieler sammelt und presst dann alle roten, ein anderer alle gelben, ein dritter alle blauen Blüten usw. für die ganze Gruppe. Einmal in der Woche könnt ihr euch treffen und die gepressten Blüten und Blätter austauschen.

Spieler: Mindestens 1 • **Alter:** 6 bis 10 • **Spielort:** Draußen und drinnen • **Spieldauer:** Etwa 20 Minuten • **Material:** Blüten und Blätter, alte Zeitungen, schwere Bücher, 1 leeres Heft, Klebstoff

Münz- und Murmelspiele

Geldmünzen sind nicht nur zum Bezahlen gut, sie lassen sich auch für verschiedene Spiele verwenden. Schon sehr viel länger als mit Münzen wird mit Murmeln gespielt. Zuerst waren sie aus Ton, heute gibt es überall schöne, bunt schillernde Glasmurmeln. Das Tolle an Münz- und Murmelspielen ist aber, dass sie meist einfach, aber trotzdem immer sehr spannend sind. Überzeugt euch selbst.

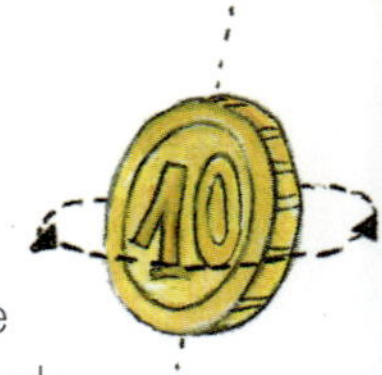

Münzen drehen

Ein Mitspieler nimmt die Münze, stellt sie auf die Kante und stößt sie so an, dass sie sich wie ein Kreisel dreht. Ein anderer nennt nun einen Buchstaben. Der erste Mitspieler muss so viele Begriffe mit diesem Anfangsbuchstaben wie möglich finden, bevor die Münze aufhört, sich zu drehen, und wieder flach daliegt. Alle anderen zählen mit. Pro Begriff gibt es einen Punkt. Alle Buchstaben des Alphabets – außer C, Q, X und Y – dürfen vorgegeben werden. Das Spiel ist beendet, wenn ein Mitspieler 40 Punkte gesammelt hat.

Spieler: Mindestens 2 • **Alter:** 4 bis 10 • **Spielort:** Draußen oder drinnen
Spieldauer: Etwa 10 Minuten • **Material:** 1 Münze, 1 Notizzettel, 1 Stift

Münzen würfeln

Am besten spielt ihr dieses Spiel zu zweit oder zu dritt, man kann es aber genauso gut allein spielen. Fünf Münzen werden von einem Mitspieler in einem Würfelbecher gut geschüttelt. Schließlich wird der Becher auf den Tisch gestürzt. Jetzt muss sich der Würfler entscheiden, ob er auf »Kopf« oder »Zahl« tippt. Dann wird der Becher weggenommen, und die richtig getippten Münzen bekommt der Würfler, je nachdem, ob sie mit der Zahl oder mit dem Kopf nach oben auf dem Tisch liegen. Übereinander liegende Münzen werden wieder in den Becher geworfen, dazu kommen neue Münzen, sodass insgesamt wieder fünf Münzen im Becher sind. Dann kommt der nächste Mitspieler an die Reihe. Wer nach fünf Runden die meisten Münzen hat, der hat gewonnen.

Spieler: Mindestens 1 • **Alter:** 4 bis 10 • **Spielort:** Drinnen • **Spieldauer:** Etwa 5 Minuten • **Material:** 1 Würfelbecher, 15 bis 25 Münzen

Münzenfußball

Münzenfußball wird immer in Zweiergruppen an einem Tisch gespielt. Jeder Mitspieler erhält drei gleich große Münzen (Zehncent- oder Eurostücke), das sind zwei »Stürmer« und ein »Torwart«. Eine weitere, kleine Münze (z. B. ein Eincentstück) ist der »Ball«. Teilt die Länge des Tischs genau in der Hälfte mit einem Kreidestrich. An den Schmalseiten markiert ihr je ein fünf Zentimeter breites Tor. Vor dem Tor wird der Torwart, an der Mittellinie werden die Stürmer platziert. Der eine Mitspieler legt seine Münzen mit dem Kopf, der andere mit der Zahl nach oben auf den Tisch. Nun hat ein Spieler den Anstoß. Er legt den Ball vor einen seiner Stürmer und darf mit dem Bleistift den Stürmer so anstoßen, dass der mit Schwung gegen den Ball prallt und diesen auf das gegnerische Tor zubewegt. Abwechselnd versucht nun jeder, mit seinen Stürmern den Ball ins gegnerische Tor zu befördern. Dabei dürfen Stürmer und auch Torwart nur mit dem Bleistift so angestoßen werden, dass sie ihrerseits den Ball weiterstoßen. Wer versehentlich mit seiner Münze eine gegnerische anstößt, bevor er den Ball getroffen hat, hat gefoult. Der Gegner darf nun den Ball vor einen seiner Spieler legen und aufs Tor schießen. Wird der Ball ins Aus (also von der Tischfläche) befördert, bekommt der Gegner Einwurf bzw. Eckball, wobei er an der entsprechenden Stelle den Ball direkt mit dem Bleistift anstoßen und dann mit Hilfe eines Stürmers oder des Torwarts ein zweites Mal spielen darf.

Spieler: Mindestens 2 • **Alter:** 6 bis 10 • **Spielort:** Drinnen
Spieldauer: Etwa 15 Minuten • **Material:** 3 Münzen pro Spieler, 1 kleinere Münze, 1 Kreide, 1 Bleistift pro Spieler

Murmeln schießen

Auf einer sandigen Fläche gräbt jeder eine faustgroße flache Mulde in den Boden; auf Asphalt könnt ihr ersatzweise Kreidekreise aufzeichnen. Die Mulden aller Mitspieler liegen nebeneinander, etwa drei bis vier Faustlängen voneinander entfernt. Dann zieht ihr in zwei bis drei Metern Entfernung einen Strich. Von hier aus versucht einer nach dem anderen eine Murmel in seine Mulde zu schnippen oder zu werfen. Trifft er in die Mulde eines Mitspielers, darf der die Murmel behalten. Landet die Murmel in gar keiner Mulde, dann bekommt sie derjenige, der am Ende des Durchgangs am wenigsten Murmeln hat. Nach jeder Runde nehmen alle die Murmeln aus ihren Mulden und werfen wieder von neuem. Das Spiel dauert so lang, bis einer keine Murmeln mehr hat.

Spieler: Mindestens 2 • **Alter:** 4 bis 10 • **Spielort:** Draußen • **Spieldauer:** Etwa 20 Minuten • **Material:** 10 Murmeln pro Spieler

Münzen werfen

Jeder Mitspieler bekommt zehn Münzen: Einpfennig-, Zweipfennig- und Fünfpfennigstücke. Dann stellt ihr euch drei bis vier Meter von einer Wand in einer Reihe auf. Einer nach dem anderen wirft eine Münze gegen die Wand und merkt sich, wo sie liegen bleibt. Wenn alle geworfen haben, wird nachgeschaut, wessen Münze am nächsten an der Wand liegt. Dieser Mitspieler darf alle Münzen einsammeln, bevor erneut geworfen wird. Wichtige Regel bei diesem Spiel ist, dass die Münze geworfen werden muss, also nicht über den Boden geschnippt werden darf. Außerdem darf sie den Boden erst berühren, wenn sie gegen die Wand geschlagen ist. Alle falsch geworfenen Münzen gelten als verloren.

Spieler: Mindestens 2 • **Alter:** 4 bis 10 • **Spielort:** Draußen • **Spieldauer:** Etwa 20 Minuten • **Material:** 10 Münzen pro Spieler

Murmeln kullern

Beim Murmelnkullern spielt ihr immer zu zweit gegeneinander auf ebenem Untergrund, zum Beispiel auf Asphalt. Einer wirft von einem markierten Punkt aus eine Murmel, aber nicht weiter als zwei bis drei Meter. Danach stellt sich der andere Mitspieler auf den Punkt und wirft seine Murmel möglichst nah an die erste. Jetzt gehen beide zu ihren Murmeln und versuchen, die eigene gegen die andere Murmel zu schnippen. Gelingt das einem der Mitspieler, darf er die andere Murmel behalten. Nun werden zwei neue Murmeln geworfen, und vielleicht hat diesmal der andere mehr Glück. Spielt so lange, bis einer keine Murmeln mehr hat.

Spieler: Mindestens 2 • **Alter:** 4 bis 10 • **Spielort:** Draußen • **Spieldauer:** Etwa 15 Minuten • **Material:** 10 Murmeln pro Spieler

In die Mulde

Zu Beginn grabt ihr eine Vertiefung von etwa zehn Zentimeter Durchmesser in den Boden. Dann stellt ihr euch nacheinander an einer etwa drei Meter entfernten Wurflinie auf. Jeder darf nun mit drei Murmeln versuchen, die Vertiefung zu treffen. Jeder Treffer gibt zwei Punkte. Wenn alle geworfen haben, darf derjenige, der eben am meisten Punkte gesammelt hat, damit beginnen, die daneben liegenden Murmeln in die Vertiefung zu schnippen. Hat keiner getroffen, beginnt der Mitspieler, dessen Murmel am nächsten bei der Vertiefung liegt. Pro Treffer gibt es einen Punkt. Schießt er daneben, kommt der nächste Mitspieler an die Reihe. Wenn alle Murmeln in der Vertiefung liegen, werden die nächsten drei Murmeln pro Spieler geworfen. Wer nach drei Durchgängen die meisten Punkte gesammelt hat, ist Sieger.

Spieler: Mindestens 2 • **Alter:** 4 bis 10 • **Spielort:** Draußen • **Spieldauer:** Etwa 15 Minuten • **Material:** 9 Murmeln pro Spieler

Murmeln auswürfeln

Setzt euch an einen Tisch, und verteilt an jeden Spieler zehn Murmeln. Nun beginnt der Erste mit dem Würfeln. Zeigt der Würfel eine Drei, bekommt der Mitspieler links von ihm eine Murmel; zeigt er eine Fünf, darf er dem Mitspieler rechts eine Murmel geben. Zeigt der Würfel eine Eins, darf er eine Murmel in die Tischmitte legen. Bei der Zwei und der Vier passiert nichts, und bei der Sechs muss er alle Murmeln nehmen, die in der Tischmitte liegen. Jeder darf nur einmal würfeln, dann geht es weiter in der Reihe. Gewonnen hat das Spiel, wer als Erster keine Murmeln mehr hat.

Spieler: Mindestens 3 • **Alter:** 4 bis 10
Spielort: Drinnen • **Spieldauer:** Etwa 10 Minuten • **Material:** 10 Murmeln pro Spieler, 1 Würfel

Pyramide schießen

Auf einen ebenen Untergrund zeichnet ihr einen Kreis, der etwa den Durchmesser eines Unterarms hat. In diesen Kreis legt der durch Auszählen bestimmte »Baumeister« ein Dreieck aus Murmeln – die Pyramide. Jeder Mitspieler muss für den Bau gleich viele Murmeln dazugeben. Dann zeichnet ihr eine Wurflinie, die etwa drei Meter vom Kreis entfernt ist. Ein Mitspieler nach dem anderen darf jetzt von dieser Linie aus immer eine Murmel auf die Pyramide werfen. Trifft er die Pyramide, darf er die Murmeln einsammeln, die aus dem Kreis getrieben wurden. Trifft er sie nicht, darf der Pyramidenbaumeister die Murmel einstecken. Gespielt wird so lange, bis alle Murmeln aus dem Kreis geschossen wurden. Dann ist der nächste Baumeister an der Reihe, eine Pyramide aus Murmeln in den Kreis zu setzen.

Spieler: Mindestens 3 • **Alter:** 4 bis 10 • **Spielort:** Draußen • **Spieldauer:** Etwa 10 Minuten • **Material:** Murmeln, 1 Kreide

Münzenlauf

Ein Lauf der besonderen Art ist der Münzenlauf. Dabei müssen eine oder mehrere Münzen auf dem Fuß von der Start- bis in die Ziellinie gebracht werden. Jeder Mitspieler bekommt zunächst eine Centmünze auf einen Schuh gelegt. Eine zuvor festgelegte Strecke muss nun so schnell wie möglich zurückgelegt werden, ohne dass das Pfennigstück vom Schuh fällt. Wem dieses Missgeschick passiert, der legt die Münze wieder auf seinen Schuh und zählt bis zehn, dann erst darf er den Münzenlauf fortsetzen.

In der nächsten Runde wird auf beide Schuhe eine Münze gelegt. Nun müsst ihr alle noch vorsichtiger gehen, um die Geldstücke nicht zu verlieren. Mit größeren Münzen, etwa Zehncent- oder Eurostücken, wird der Münzenlauf noch etwas schwieriger.

Als Abschlusslauf könnt ihr einen Barfuß-Münzenlauf veranstalten. Dabei werden die Zehncentmünzen nicht auf den Fuß gelegt, sondern zwischen die Zehen geklemmt. Pro Fuß können so bis zu drei Münzen transportiert werden. Wer das am schnellsten schafft, ist Münzenlaufmeister.

Spieler: Mindestens 2 • **Alter:** 4 bis 10 • **Spielort:** Draußen • **Spieldauer:** Etwa 10 Minuten • **Material:** Münzen

Spiele für unterwegs

Eine Reise ist immer eine spannende Angelegenheit. Es gibt viel zu sehen und zu erleben. Doch die Fahrt könnte manchmal abwechslungsreicher sein, findet ihr nicht auch? Der Blick aus dem Auto- oder Zugfenster allein ist aber nicht das Einzige, was ihr unterwegs unternehmen könnt. Im folgenden Kapitel findet ihr ein paar Ideen, wie ihr die Fahrt und die Pausen interessanter gestalten könnt.

Wahrsagen

Bevor die Fahrt losgeht, notiert sich jeder auf einem Zettel, was unterwegs wohl zu sehen sein wird. Einfache Voraussagen wie beispielsweise »ein schwarzer Hund« oder »eine weiße Kirche« geben jeweils einen Punkt, schwierigere Vorhersagen wie z. B. »eine gescheckte Katze auf einer Fensterbank«, »eine Frau schimpft mit einem kleinen Kind« oder »ein Schornsteinfeger bei der Arbeit« bringen fünf Punkte. Stellt eure eigene Wahrsageliste auf, und besprecht gemeinsam, welche Vorhersage wie viele Punkte ergibt. Während der Fahrt müsst ihr dann genau aufpassen, ob ihr all die Dinge oder Situationen seht, die ihr vorhergesagt habt, und hakt diese dann auf der Liste ab.

Spieler: Mindestens 1 • **Alter:** 4 bis 10 • **Spielort:** Draußen • **Spieldauer:** So lange, wie die Fahrt dauert • **Material:** 1 Notizzettel und Stift pro Spieler

Würfelspiel für unterwegs

Kennt ihr auch das Problem, dass die Würfel während einer Autofahrt immer davonrollen? An ein Würfelspiel unterwegs ist also nicht zu denken. Oder doch? Nehmt drei Würfel, und sperrt sie in ein Marmeladenglas mit Deckel; so könnt ihr würfeln, indem ihr das Glas schüttelt. Das Glas muss so groß sein, dass die Würfel nebeneinander liegen können. Abwechselnd würfelt ihr jetzt und zählt die obenliegenden Augen der Würfel. Wer nach zehn Würfen am meisten Punkte hat, ist Sieger. Dann stellt ihr eine Anforderungsliste auf, die jeder auf seinem Zettel notiert. Jeder muss nun verschiedene Zahlenkombinationen und vorgegebene Punktzahlen bei einem Wurf erreichen. Gewonnen hat derjenige, der alle geforderten Würfe als Erster geschafft hat.

Spieler: Mindestens 2 • **Alter:** 4 bis 10 • **Spielort:** Draußen oder drinnen
Spieldauer: Etwa 10 Minuten • **Material:** 3 Würfel, 1 leeres Marmeladenglas mit Deckel, 1 Notizzettel und 1 Stift pro Spieler

Gezielte Suche

Während der Fahrt müsst ihr abwechselnd immer fünf Dinge entdecken, die zunächst mit dem gleichen Anfangsbuchstaben wie euer Vorname beginnen. Wenn Hans also ein Hemd, Hände, einen Hut, Hosen und einen Hund entdeckt hat, kommt Eva an die Reihe, fünf Dinge mit E zu suchen. Dann ist der nächste Buchstabe des Vornamens maßgebend, zu dem wieder fünf Dinge gefunden werden müssen. Wer ein C, Q, X oder Y im Namen hat, darf diesen überspringen und mit dem nächsten Buchstaben fortfahren.

Spieler: Mindestens 2 • **Alter:** 7 bis 10 • **Spielort:** Draußen oder drinnen **Spieldauer:** Etwa 5 Minuten • **Material:** Keines

Blinder und Schreiber

Dieses Spiel kann nur zu zweit gespielt werden, wobei einer der Blinde ist, der andere der Schreiber. Der Blinde nimmt einen Stift in die Hand, dreht den Kopf zur Seite und schließt die Augen. Nun nimmt der Schreiber die Hand des Blinden und schreibt in möglichst großen Buchstaben ein kurzes Wort – vielleicht mit drei oder vier Buchstaben – auf den Schreibblock. Der Blinde muss nun erraten, was der Schreiber mit seiner Hilfe aufgeschrieben hat. Wenn er nach drei Versuchen kein Wort erkannt hat, werden die Rollen getauscht. Mit der Zeit wird der Blinde die Worte immer schneller erkennen; dann kann der Schreiber längere Begriffe verwenden. Noch schwieriger wird es mit ganzen Sätzen oder Wörtern in Schreibschrift.

Spieler: 2 • **Alter:** 6 bis 10 • **Spielort:** Draußen oder drinnen • **Spieldauer:** Etwa 5 Minuten • **Material:** 1 Stift, 1 Schreibblock

Kennzahlenbingo

Notiert eine Folge aus sieben Zahlen auf eurem Notizzettel, die alle kleiner als 100 sind. Dann tauscht ihr untereinander die Zettel aus. Jeder Mitspieler hält nun Ausschau nach Autonummernschildern, auf denen eine der notierten Zahlen steht. Sobald er eine entdeckt, sagt er das laut und streicht die entsprechende Zahl durch. Wer zuerst alle Zahlen auf seinem Notizzettel durchstreichen kann, ist erst Bingo-Bube bzw. Dame, dann König oder Königin und schließlich Bingo-Ass. Wie beim richtigen Bingo könnt ihr aber auch mit mehreren Zetteln gleichzeitig arbeiten, auf denen jeweils verschiedene Zahlenkombinationen stehen. Jetzt müsst ihr noch schneller beim Erkennen und Durchstreichen der Zahlen sein.

Spieler: Mindestens 2 • Alter: 4 bis 10 • Spielort: Draußen • Spieldauer: Etwa 5 Minuten
Material: 1 Notizzettel und Stift pro Spieler

Kartonhüpfer für unterwegs

Nummeriere die Vertiefungen des Eierkartons von eins bis sechs bzw. zehn durch. Setze den Tischtennisball ins erste Feld und versuche, ihn ins nächste hüpfen zu lassen. Das erfordert etwas Geschick und Übung. Als Nächstes musst du nun Zahlenkombinationen hüpfen. Schau auf die Nummernschilder der vorbeifahrenden Autos, oder lass dir von einem Mitspieler eine mehrstellige Zahl nennen, und versuche, den Tennisball im Eierkarton in die richtigen Felder hüpfen zu lassen. Sobald du einen Fehler machst, musst du von vorn beginnen oder der nächste Spieler ist an der Reihe.

Spieler: Mindestens 1 • Alter: 4 bis 10 • Spielort: Draußen oder drinnen
Spieldauer: Etwa 5 Minuten • Material: 1 Tischtennisball, 1 Eierkarton ohne Deckel, 1 Stift

Dinge unterwegs

Wenn man unterwegs ist, gibt es immer viel zu sehen. Abwechselnd ist jeder an der Reihe, Dinge zu bestimmen, auf die alle achten müssen. Ein Mitspieler gibt beispielsweise vor, dass ab sofort alle Kirchtürme zu zählen sind, und zwar so lang, bis fünf oder zehn Kirchtürme zu sehen waren. Ist diese Zahl erreicht, legt der nächste Mitspieler fest, dass alle gelben Autos zu zählen sind, bis die Zahl 20 erreicht wurde usw. Wer als Erster die jeweils vorgegebene Zahl erreicht hat, darf das nächste Ding bestimmen, das gezählt werden muss.

Spieler: Mindestens 2 • **Alter:** 4 bis 10 • **Spielort:** Draußen • **Spieldauer:** Etwa 5 Minuten • **Material:** Keines

Verbotene Wörter

Ein Mitspieler stellt allen anderen schnell nacheinander verschiedene Fragen. Jeder muss sofort antworten. Alle Worte dürfen benutzt werden, nur kein »Ja« und kein »Nein«. Wer dennoch versehentlich eines dieser Wörter benutzt, ist jetzt selber dran, die anderen zu fragen. Ihr könnt aber auch andere Wörter festlegen, die als verboten gelten. Sehr schwierig ist es beispielsweise, auf »und« oder auf Füllwörter wie »äh« zu verzichten. Jedem, der etwas erzählen muss, wird es nämlich sehr schwer fallen, diese Wörter zu umgehen.

Spieler: Mindestens 2 • **Alter:** 4 bis 10 • **Spielort:** Draußen oder drinnen **Spieldauer:** Etwa 5 Minuten • **Material:** Keines

Bildergeschichten

Mit einer alten Zeitschrift lassen sich tolle Geschichten zusammenstellen. Blättert ein bisschen herum, und schaut euch die Fotos an. Dann reißt ihr vorsichtig die Bilder heraus, die euch gefallen. Denkt euch dazu eine Geschichte aus, und erzählt sie den anderen. Ihr könnt aber auch genauso gut wahllos ein paar Bilder ausreißen und sie euren Mitspielern vorlegen. Die müssen sich zu der abgebildeten Szene etwas einfallen lassen; dann legen sie eines ihrer Bild daneben, und der Nächste muss die Geschichte weiterspinnen. Dabei kommen die absurdesten und lustigsten Bildergeschichten heraus.

Spieler: Mindestens 2 • **Alter:** 4 bis 10 • **Spielort:** Draußen oder drinnen
Spieldauer: Etwa 30 Minuten • **Material:** Alte Zeitschriften

Fli, Fla, Flu!

Mit den Händen knobeln ist ein spannender Zeitvertreib. Dabei müsst ihr zu zweit sein. Ihr sagt beide gleichzeitig »Fli, Fla, Flu!«, und bei »Flu!« streckt jeder eine Hand dem anderen hin, bei der entweder zwei Finger abgespreizt sind (Schere), alle Finger flach nebeneinander liegen (Papier) oder die zur Faust geballt ist (Stein). Zeigen beide das gleiche Symbol, gibt es keinen Punkt, ansonsten bekommt der Mitspieler für das überlegene Zeichen jeweils einen Punkt gutgeschrieben. Dabei gilt: Schere schneidet Papier, 1 Punkt für die Schere. Papier wickelt Stein ein, 1 Punkt für Papier. Stein macht die Schere stumpf, 1 Punkt für Stein. Gewinner der Spielrunde ist, wer zuerst 10 Punkte erreicht hat.

Spieler: 2 • **Alter:** 4 bis 10 • **Spielort:** Draußen oder drinnen
Spieldauer: Etwa 5 Minuten • **Material:** Keines

Was geschieht?

Ein Mitspieler schließt die Augen und konzentriert sich auf all das, was er hört und spürt. Nach einer kurzen Phase der Konzentration beschreibt er, was vor sich geht. Dabei muss er immer die Augen geschlossen halten. Während der Autofahrt zum Beispiel muss er Links- und Rechtskurven richtig angeben; er hört, wenn ein lauter Lastwagen überholt wird, spürt, wenn abgebremst, eine Flasche aufgedreht oder ein Fenster geöffnet wird. Die anderen Mitspieler können im Wagen Geräusche erzeugen, die er erraten muss. Im Zug ist deutlich zu spüren, wenn man durch einen Tunnel fährt, die Sonne hereinscheint oder die Abteiltür geöffnet wird. Die Mitspieler korrigieren oder bestätigen die Vermutungen. Nach ein paar Minuten wird gewechselt, und der Nächste muss erraten, was geschieht.

Spieler: Mindestens 2 • **Alter:** 6 bis 10 • **Spielort:** Draußen oder drinnen
Spieldauer: Etwa 5 Minuten • **Material:** Keines

Partyspiele

Egal, ob Geburtstagsfeier oder Sommerparty, wichtig ist die gute Stimmung. Alle sollen sich wohl fühlen und Spaß haben. Und was könnte dafür besser sein als gemeinsame Spiele? Überlegt euch schon im Voraus, mit welchen Spielideen ihr die anderen überraschen könntet. Dabei geht es nicht darum, wer Schnellster, Bester oder Erster ist, sondern vielmehr, dass ihr alle gemeinsam wetteifert und viel Vergnügen habt. Hier ein paar Anregungen dazu.

Blinder Pilot

Durch Auszählen wird bestimmt, wer als Erster der »blinde Pilot« ist. Der Pilot hat die Augen verbunden. Die anderen Mitspieler wechseln sich beim Steuern des Piloten entweder ab, oder sie rufen alle gemeinsam, wohin er gehen soll. Es gibt dabei nur die

Anweisungen »nach links«, »nach rechts«, »geradeaus«, »umdrehen« und – ganz wichtig – »stopp«. Der blinde Pilot muss sich voll und ganz auf diese Anweisungen verlassen können. Mit der Zeit wird das Spiel immer schneller, und man muss aufpassen, dass der blinde Pilot nicht gegen Hindernisse stößt. Nach ein paar Minuten löst ein anderer Mitspieler den blinden Piloten ab.

Spieler: Mindestens 2 • **Alter:** 4 bis 10 • **Spielort:** Draußen oder drinnen
Spieldauer: Etwa 5 Minuten • **Material:** 1 Augenbinde

Schreiben mit Handicap

Mit der Hand zu schreiben ist manchmal schon schwierig genug, noch schwerer – aber auch lustiger – ist es, mit dem Fuß oder mit dem Mund zu schreiben. Dazu wird in der ersten Runde vor jedem Mitspieler ein Blatt Papier auf den Tisch gelegt. Jeder nimmt einen Filzstift zwischen die Zähne, und dann geht's los. Wer hat die Zahlen von Eins bis Zehn am schnellsten mit dem Mund geschrieben? Wer hat das Alphabet am schnellsten – und vor allem leserlich! – aufs Blatt gebracht? In der nächsten Runde sind die Füße an der Reihe. Legt das Papier auf den Boden, zieht Schuhe und Strümpfe aus, nehmt den Stift zwischen die Zehen, und schreibt zuerst einmal Zahlen, dann Buchstaben.

Spieler: Mindestens 2 • **Alter:** 7 bis 10 • **Spielort:** Draußen oder drinnen • **Spieldauer:** Etwa 5 Minuten
Material: 1 Filzstift sowie 1 Blatt Papier pro Spieler

Spinnennetz

Mit einem langen Wollfaden spinnt ihr ein großes Spinnennetz im ganzen Raum. Befestigt den Anfang des Fadens etwa in Kniehöhe an einem Tischbein, dann führt ihr ihn zum nächsten Tischbein, macht ihn am Heizkörper fest, an Stuhlbeinen, am Sessel, am Sofa usw. Spannt den Faden mal höher, mal niedriger, aber immer so hoch, dass man noch darunter hindurchkriechen kann. Wenn ihr das ganze Zimmer zugesponnen habt, stellt ihr euch alle an den Zimmereingang und werft einen Ball ins Zimmer. Ein Mitspieler muss jetzt loskriechen und den Ball holen, ohne das Spinnennetz zu berühren. Bei der ersten Berührung rufen alle: »Netz berührt«, bei der zweiten: »Spinne alarmiert«, und bei der dritten Berührung heißt es: »Die Spinne kommt!« Der Mitspieler ist dann ausgeschieden und kann erst bei der nächsten Runde wieder mitmachen. Schwieriger wird das Spiel, wenn statt des Balls ein anderer, größerer Gegenstand aus dem Zimmer geholt werden muss.

Spieler: Mindestens 2 • **Alter:** 4 bis 10 • **Spielort:** Drinnen • **Spieldauer:** Etwa 10 Minuten • **Material:** 1 langer Wollfaden, 1 Ball

Steinwurf

Zunächst baut ihr aus großen, flachen Steinen eine Pyramide. Die Pyramide sollte möglichst stabil sein. Ganz obenauf legt ihr einen kleinen Zielstein auf einen flachen Abschlussstein. Dieser Zielstein muss heruntergeschossen werden. Dazu stellt ihr euch hinter eine Wurflinie, die etwa drei Meter von der Steinpyramide entfernt angezeichnet wird. Jetzt versucht einer nach dem anderen, mit einem kleinen Stein den Zielstein zu treffen und von der Pyramide zu schießen. Dabei kommt es nicht darauf an, fest zu werfen – die Pyramide soll nämlich stehen bleiben, und nur der Zielstein soll fallen! Wer die Pyramide beschädigt, muss sie wieder aufbauen. Wer hingegen mit Konzentration und Geschick wirft und nur den Zielstein trifft, hat es richtig gemacht.

Spieler: Mindestens 2 • Alter: 6 bis 10 • Spielort: Draußen • Spieldauer: Etwa 5 Minuten • Material: Große und kleine Steine

Pilot auf dem Hocker

Durch Auszählen wird ein Mitspieler bestimmt, der Pilot sein darf. Der Pilot nimmt auf einem Stuhl Platz. Er steuert sein Gefährt nicht mit einem Steuerknüppel, sondern über Anweisungen. Fünf Minuten lang müssen ihn die anderen nämlich umhertragen, so wie er es wünscht. Es gibt jedoch eine Einschränkung: Der Pilot muss seine Anweisungen immer mit »bitte« einleiten. So beginnt er etwa mit »bitte hochheben«, er kann sich schneller tragen lassen mit »bitte etwas schneller« usw. Vergisst er das Zauberwort »bitte«, endet seine Pilotenlaufbahn. Nach fünf Minuten wird der Pilot wieder sanft am Ausgangspunkt niedergesetzt.

Spieler: Mindestens 5 • Alter: 4 bis 10 • Spielort: Drinnen • Spieldauer: Etwa 5 Minuten • Material: 1 Stuhl

Streichhölzer stapeln

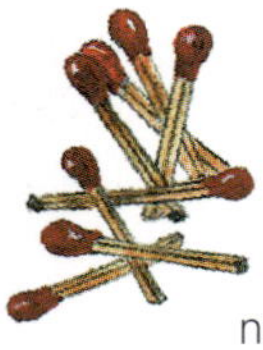

Verteilt die Streichhölzer gleichmäßig auf die Mitspieler. Jeder sollte ungefähr 15 Streichhölzer bekommen. Jetzt wird eine Streichholzschachtel auf die Schmalseite gestellt, und ihr beginnt damit, nacheinander eure Streichhölzer auf dieser Schachtel zu stapeln. Jedes Mal dürfen maximal drei Streichhölzer abgelegt werden. Wem Streichhölzer von der Schachtel herunterfallen, muss alle heruntergefallenen Hölzchen an sich nehmen. Gewonnen hat der Spieler, der als Erster keine Streichhölzer mehr hat.

Spieler: Mindestens 2 • Alter: 4 bis 10 • Spielort: Draußen oder drinnen
Spieldauer: Etwa 10 Minuten • Material: Zündhölzer

Fernsteuerung

Stellt euch gruppenweise mit dem Rücken zueinander in zwei Reihen auf. Die Mitspieler einer Gruppe halten sich an den Händen. Am Anfang der beiden Reihen hält ein Mitspieler einen Würfel in der Hand, am Ende der Reihen liegt ein Stein auf dem Boden. Während des Spiels darf nicht gesprochen werden. Der Mitspieler am Anfang der Reihe lässt jetzt den Würfel fallen. Zeigt der Würfel eine Eins oder eine Sechs, drückt der Erste in jeder Reihe die Hand des Zweiten, der wiederum die Hand des Dritten usw. So gelangt der Händedruck zum letzten Mitspieler in der Reihe. Sobald der den Händedruck spürt, greift er blitzschnell zum Stein. Wer den Stein zuerst in der Hand hält, darf an den Anfang in seiner Reihe. Gewonnen hat die Gruppe, die als Erste alle Mitspieler von hinten nach vorn durchgewechselt hat.

Spieler: Mindestens 8 • Alter: 4 bis 10 • Spielort: Draußen oder drinnen
Spieldauer: Etwa 5 Minuten • Material: 1 Würfel, 1 Stein

Serpentinen fahren

Für dieses Spiel braucht ihr eine schiefe Ebene, am besten ein großes Brett, unter das ihr auf einer Seite Obstkisten oder etwas Ähnliches legt. Das Brett muss so schräg stehen, dass eine Flasche, die ihr aufrecht darauf stellt, von allein hinunterrutscht. Da Glas zerbrechlich ist, solltet ihr die schiefe Ebene nur auf Gras oder Sand aufbauen. Auf das Brett zeichnet ihr jetzt mit Kreide eine Schlangenlinie, die sich wie eine Gebirgsstraße in vielen Kurven nach unten windet. Diese Serpentinen müsst ihr jetzt mit der Flasche nachfahren. Ein Mitspieler hält dazu zunächst die Flasche am oberen Ende der Serpentinen fest, ein anderer nimmt einen Stock und hockt sich vor die schiefe Ebene. Mit dem Stock versucht er, die Flasche am unkontrollierten Abrutschen zu hindern, wenn sie losgelassen wird. Es ist schon nicht einfach, die Flasche mit dem Stock auf dem Brett zu halten, und noch schwieriger ist es, sie mit dem Stock die aufgezeichnete Schlangenlinie entlang zu dirigieren. Ihr braucht dazu viel Fingerspitzengefühl und etwas Geduld und Übung; doch es macht auch Spaß, diese wacklige Angelegenheit immer besser in den Griff zu bekommen. Versucht es so lange, bis es zuletzt allen Mitspielern gelingt, die Flasche so richtig gekonnt über die steilen Serpentinen zu dirigieren.

Spieler: Mindestens 2 • **Alter:** 6 bis 10 • **Spielort:** Draußen oder drinnen • **Spieldauer:** Etwa 20 Minuten • **Material:** 1 großes Brett, 1 Flasche, 1 Kreide, 1 Stock

Wäscheklammernschlange

Legt alle Wäscheklammern auf einen großen Haufen. Auf ein Startsignal hin klemmt jeder so viele Wäscheklammern wie möglich aneinander, bis er eine lange Schlange hat. Jeder darf immer nur eine Wäscheklammer nach der anderen vom Haufen nehmen. Außerdem dürfen nie zwei gleichfarbige Wäscheklammern hintereinander klemmen. Nach drei Minuten wird gezählt, wessen Schlange am meisten Wäscheklammern hat. In der nächsten Runde wird eine hängende Schlange gebildet. Das heißt, jeder Mitspieler muss die erste Klammer mit zwei Fingern festhalten und die nächste Klammer unten anhängen. Da kann es schnell passieren, dass die Schlange reißt. Wer nach drei Minuten die längste Schlange hat, der hat gewonnen.

Spieler: Mindestens 2 • **Alter:** 4 bis 10 • **Spielort:** Draußen oder drinnen
Spieldauer: Etwa 5 Minuten • **Material:** Viele bunte Wäscheklammern

Blinder Baumeister

Ein großer Haufen Bauklötzchen wartet auf den besten blinden Baumeister. Wer das ist, lässt sich ganz leicht herausfinden. Einem Mitspieler werden die Augen verbunden. Er ertastet sich jetzt blind die Holzklötzchen und errichtet einen Turm, der so stabil und so hoch wie möglich werden soll. Die anderen Mitspieler stehen um ihn herum und geben Tipps, äußern sich besorgt und versuchen so, den Baumeister abzulenken. Der Baumeister baut so lang, bis sein Turm einstürzt. Dann wird gezählt, wie viele Bauklötzchen seines Turms noch stehen. Daraufhin darf sich der nächste Mitspieler als Baumeister versuchen. Bester blinder Baumeister ist der mit den meisten Bauklötzchen.

Spieler: Mindestens 3 • **Alter:** 4 bis 10 • **Spielort:** Drinnen • **Spieldauer:** Etwa 5 Minuten • **Material:** Bauklötzchen, 1 Augenbinde

Persönliche Daten

Dieses Spiel ist vor allem interessant, wenn sich nicht alle Mitspieler kennen. Im Kreis sitzend sagt der Reihe nach jeder, wie er heißt, wie seine Eltern und Geschwister heißen, wo er wohnt, welche Hobbys er hat, wann er Geburtstag hat, welches seine Lieblingsfächer in der Schule sind, welche Sportart er ganz besonders mag usw. Alle anderen hören aufmerksam zu. Anschließend bekommt jeder einen Notizzettel und einen Buntstift. Jetzt löst sich der Kreis auf. Jeder geht nun auf einen anderen Mitspieler zu und sagt ihm ein paar der Dinge, die er sich merken konnte. Für jedes richtige Detail macht der Mitspieler ihm einen Strich mit seinem Farbstift auf den Notizzettel. So befragt jeder jeden, und zum Schluss wird gezählt, wer am meisten Striche auf seinem Zettel hat.

Spieler: Mindestens 4 • **Alter:** 6 bis 10 • **Spielort:** Draußen oder drinnen • **Spieldauer:** Etwa 40 Minuten • **Material:** 1 Notizblock und 1 Buntstift pro Spieler

Zielwurf

Jeder Mitspieler bekommt eine Socke. Diese wird höchstens zur Hälfte mit Sand gefüllt und dann gut zugeknotet. Auf einer Wiese oder im Hof wird ein Zielfeld markiert, entweder als Zielring aus Steinchen oder Sand oder als Kreidekreis. Stellt euch dann in einer Linie etwa 10 bis 15 Meter vom Zielfeld entfernt nebeneinander auf, sodass jeder noch genug Platz zum Ausholen hat. Einer nach dem anderen schleudert jetzt seine Sandsocke auf das Ziel. Wer beim ersten Mal trifft, kann dabei zusehen, wie die anderen ihre Socken holen und erneut ihr Glück versuchen. Wer am meisten Versuche braucht, muss alle Socken wieder zur Wurflinie zurückbringen.

Spieler: Mindestens 3 • **Alter:** 4 bis 10 • **Spielort:** Draußen • **Spieldauer:** Etwa 5 Minuten • **Material:** 1 alte Socke pro Spieler, Sand

Laut und leise

Ein Mitspieler verlässt den Raum, während die anderen einen kleinen Gegenstand irgendwo im Zimmer verstecken. Dann darf der Mitspieler wieder hereinkommen und muss anfangen zu suchen. Dabei summen die anderen je nach Abstand zu dem versteckten Gegenstand leiser oder lauter. Nähert er sich dem Versteck, werden sie lauter, geht er daran vorbei, wieder leiser. Erst wenn er das Gesuchte in Händen hält und den anderen zeigt, springen sie hoch und jubeln.

Spieler: Mindestens 3 • Alter: 4 bis 10 • Spielort: Drinnen
Spieldauer: Etwa 5 Minuten • Material: Keines

Schreiben verkehrt

Es wird in Zweiergruppen gespielt. Einer hält den Stift, am besten einen Filzstift, am ausgestreckten Arm so ruhig wie möglich. Der andere nimmt ein Stück Karton, das ungefähr so groß ist wie ein DIN-A4-Blatt, und versucht, einen vorher festgelegten Satz zu schreiben. Er muss den Karton also so bewegen, dass er den Stift berührt und die einzelnen Buchstaben darauf geschrieben werden. Ihr müsst zu Anfang des Spiels neben dem Satz, der geschrieben werden soll, auch festlegen, ob alles in Großbuchstaben geschrieben werden darf oder auch Kleinbuchstaben verwendet werden müssen. Legt am besten eine Zeitgrenze fest, etwa drei Minuten. Wer bis dahin den Satz leserlich und mit den wenigsten Fehlern geschrieben hat, der hat gewonnen.

Spieler: Mindestens 2 • Alter: 7 bis 10 • Spielort: Draußen oder drinnen • Spieldauer: Etwa 5 Minuten
Material: 1 Stück Karton und 1 Stift pro 2 Spieler

Aschenputtel zu zweit

Je zwei Spieler bekommen einen Luftballon, der aufgeblasen und verknotet wird. Dann werden die Schüsselchen auf den Tisch gestellt und die getrockneten Erbsen auf dem Boden verteilt. Die beiden Mitspieler jeder Gruppe stehen sich jetzt gegenüber und halten ihren Luftballon mit der Stirn zwischen sich eingeklemmt. Auf ein Startsignal hin beginnen sie, gemeinsam die Erbsen vom Boden aufzulesen und in ihr Schüsselchen zu legen. Dabei darf jeder Mitspieler immer nur eine Erbse in die Hand nehmen. Während der ganzen Zeit darf der Ballon nicht zu Boden fallen. Nach fünf Minuten wird gezählt, wie viele Erbsen jede Gruppe gesammelt hat.

Spieler: Mindestens 4 • **Alter:** 4 bis 10 • **Spielort:** Drinnen • **Spieldauer:** Etwa 10 Minuten • **Material:** 1 Luftballon und 1 Schüsselchen pro 2 Spieler, getrocknete Erbsen

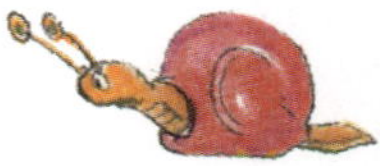

Im Rückwärtsgang

Zuerst legt ihr eine Strecke fest, die um ein paar Hindernisse herum zum Ziel führt. Hindernisse können z. B. Bäume, Sträucher oder Mülleimer sein. Zwei Spieler bekommen die Handspiegel und stellen sich mit dem Rücken zur Startlinie auf. Die Strecke muss von ihnen rückwärts durchlaufen werden, wobei sie nur in die Spiegel schauen dürfen, um sich zu orientieren. Es ist verboten, den Kopf zu drehen und über die Schulter zu schauen. Wer ein Hindernis falsch umrundet, muss zurück und es noch einmal versuchen. Sieger dieser Zweiergruppe ist, wer zuerst am Ziel ist. Die Sieger der Zweiergruppen treten dann gegeneinander an.

Spieler: Mindestens 2 • **Alter:** 4 bis 10 • **Spielort:** Draußen • **Spieldauer:** Etwa 5 Minuten • **Material:** 2 Handspiegel

Großgrundbesitzer

Bestimmt kennt ihr die Geschichte, wonach ein vermeintlich bescheidener Mensch nur so viel an Besitz haben wollte, wie eine Seite Zeitungspapier umschließt. Dass das ganz schön viel sein kann, erlebt ihr bei diesem Spiel. Jeder bekommt eine Seite Zeitungspapier und muss nun mit der Schere einen möglichst langen Streifen am Stück herausschneiden. Ihr fangt also alle außen an und schneidet so dünn wie möglich immer weiter nach innen. Vorsicht, denn der Streifen darf nicht reißen. Wenn alle fertig sind, werden die einzelnen Streifen genau nachgemessen. Wessen Streifen am längsten ist, der hat gewonnen.

Spieler: Mindestens 2 • **Alter:** 4 bis 10 • **Spielort:** Draußen oder drinnen • **Spieldauer:** Etwa 15 Minuten • **Material:** 1 Schere pro Spieler, Zeitungspapier, 1 Maßband

Wilde Zetteljagd

Ein Spieler muss den Raum verlassen. Die anderen beschriften einige Notizzettel mit dem Satz: »Der nächste Zettel liegt ...«. Dann verstecken sie im Zimmer drei Zettel, wobei immer die Ortsangabe des nächsten Zettels auf dem vorherigen Zettel steht. Auf dem dritten Blatt Papier steht eine Ortsangabe außerhalb des Raums. Nun kann der Mitspieler wieder hereinkommen, und er erhält einen zusammengefalteten Zettel, auf dem das Versteck des ersten Zettels steht. Er darf ihn erst lesen, wenn der Küchenwecker klingelt, der auf drei Minuten eingestellt ist. Die anderen verlassen den Raum. Nun muss alles schnell gehen: Weitere Zettel werden nach dem gleichen Prinzip versteckt. Die Zettel zu finden geht oft sehr schnell, und der Zetteljäger hat gute Chancen, die anderen einzuholen.

Spieler: Mindestens 4 • **Alter:** 6 bis 10 • **Spielort:** Drinnen • **Spieldauer:** Etwa 10 Minuten • **Material:** Mehrere Zettel und Stifte, 1 Küchenwecker

Wasser-spiele

Ob an einem Bach, an einem Weiher, an einer Regenpfütze oder in einer Plastikwanne – Wasserspiele sind etwas ganz Besonderes. Klar, dass es im Sommer toll ist, im Freibad oder Swimmingpool zu planschen oder unter dem Rasensprenger Regentänze aufzuführen. Doch auch Rindenschiffchen-Wettfahren am Fluss oder das Spiel mit Steinen oder Münzen an der Pfütze haben ihren eigenen Reiz. Im folgenden Kapitel findet ihr Ideen für Spiele, die sowohl allein als auch in der Gruppe Spaß machen.

Wasser im Kreis

Alle Mitspieler stehen im Kreis und geben einen vollen Becher Wasser weiter, wobei möglichst wenig verschüttet werden soll. Nach ein paar Minuten kommt noch ein leerer Becher ins Spiel. Da dieser schneller weitergegeben werden kann, hat er den vollen Wasserbecher bald eingeholt. Sobald beide Becher bei einem Mitspieler ankommen, muss dieser das Wasser möglichst schnell vom vollen in den leeren Becher umfüllen. Dann wird der aufgefüllte Becher in Gegenrichtung weitergegeben. Er bekommt eine Runde »Vorsprung«, bevor der jetzt leere Becher ebenfalls wieder weitergegeben wird. Das Spiel geht so lange, bis kein Wasser mehr im Becher ist.

Spieler: Mindestens 4 • **Alter:** 4 bis 10 • **Spielort:** Draußen • **Spieldauer:** Etwa 5 Minuten • **Material:** 2 Plastikbecher

Durch die Pfütze

Sammelt flache Steine, die nur so groß sein dürfen, dass ihr sie gut mit dem Finger schnippen könnt. Dann sucht ihr euch eine Pfütze, die einen flachen Grund hat. Jetzt legt einer nach dem anderen einen seiner Steine an den Rand der Pfütze und versucht, ihn durch das Wasser hindurch auf die andere Seite zu schnippen. Bleibt der Stein in der Pfütze liegen, ist er verloren und gehört dem nächsten Mitspieler, der es schafft, seinen Stein durch die Pfütze zu schnippen. Statt der Steine kann man auch kleine Münzen zum Schnippen nehmen. Am Schluss des Spiels bekommt dann jeder seinen Einsatz wieder zurück.

Spieler: Mindestens 3 • **Alter:** 6 bis 10 • **Spielort:** Draußen • **Spieldauer:** Etwa 5 Minuten • **Material:** Kleine, flache Steine

Schnelle Feuerwehr

Einige Meter von einem Bach oder See entfernt werden die beiden leeren Eimer aufgestellt. Dann teilt ihr euch in zwei Gruppen auf. Beide haben die Aufgabe, je einen der Eimer mit Plastikbechern aufzufüllen. Auf ein Startsignal hin rennen die Mitspieler jeder Gruppe so schnell wie möglich hin und her, um im kleinen Plastikbecher Wasser zu ihrem Kübel zu tragen. Neben dem vollen Plastikbecher darf jeder Mitspieler auch noch so viel Wasser transportieren, wie er in der Hand halten kann. Die Gruppe, die ihren Eimer zuerst gefüllt hat, ist Sieger.

Spieler: Mindestens 2 • **Alter:** 4 bis 10 • **Spielort:** Draußen • **Spieldauer:** Etwa 5 Minuten • **Material:** 2 große Eimer, 1 Plastikbecher pro Spieler

Wasser Hindernislauf

Zunächst wird auf dem Spielfeld mit allen möglichen Dingen ein Hindernisparcours aufgebaut. Auf einer Wiese beispielsweise könnt ihr festlegen, dass der Weg um ein paar Bäume, durch ein Gebüsch und über am Boden liegende Zweige führen soll. Dann wird der Becher randvoll mit Wasser gefüllt und auf das Tablett gestellt. Unter den Anfeuerungsrufen aller muss der erste Spieler den festgelegten Parcours mit dem Tablett in den Händen so schnell wie möglich durchlaufen, möglichst ohne einen Tropfen Wasser zu verschütten! Fällt ein Becher herunter, muss der Spieler zurück zum Start und erneut loslaufen. Bewertet wird zum Schluss, wer am schnellsten den Parcours durchquert hat und wer am wenigsten Wasser verloren hat.

Spieler: Mindestens 3 • **Alter:** 4 bis 10 • **Spielort:** Draußen • **Spieldauer:** Etwa 5 Minuten • **Material:** 1 Plastikbecher, 1 Tablett, Stoppuhr

Wasserbomben werfen

Luftballons könnt ihr statt mit Luft auch mit Wasser füllen und wie Bälle benutzen. Allerdings sind diese mit Wasser gefüllten Luftballons sehr empfindlich. Ihr müsst damit rechnen, nass zu werden. Zuerst füllt ihr also ein paar Luftballons mit Wasser, indem ihr die Öffnung über den Wasserhahn zieht und so viel Wasser hineinlaufen lasst, bis der Ballon etwa doppelt so groß wie ein Tennisball ist. Die Ballons gut zuknoten und schon kann das Spiel mit den Wasserbomben losgehen. Stellt euch in einem großen Kreis auf, und werft euch gegenseitig einen Ballon zu. Werft ihn in hohem Bogen, sodass er gut gefangen werden kann. Nach einer Weile kommt gleichzeitig ein zweiter, und dann schließlich ein dritter Ballon ins Spiel. Die Wasserbomben fliegen immer schneller, und jeder muss gut aufpassen, dass er sie vorsichtig fängt. Schon bald wird die eine oder andere Wasserbombe platzen; doch ihr habt genug im Vorrat, sodass ihr so lange spielen könnt, wie ihr Spaß daran habt und bis ihr alle nass geworden seid.

Spieler: Mindestens 2 • Alter: 4 bis 10 • Spielort: Draußen • Spieldauer: Etwa 10 Minuten • Material: Luftballons

Wasserklang

Bei  diesem Spiel müsst ihr erraten, auf welche Gegenstände der Wasserstrahl aus der Gießkanne oder dem Schlauch trifft. Immer ein Mitspieler ist der Klangmacher. Er steuert den Wasserstrahl mal auf den Boden, dann auf eine Steinplatte, auf einen Ball, in ein Glas, auf eine Flasche, an einen Baum oder an eine Mauer. Die anderen halten die Augen ganz fest geschlossen und versuchen, den Gang des Strahls über die verschiedenen Gegenstände nur mit dem Gehör zu verfolgen. Sie kommentieren laufend, wie es sich anhört, und raten, worauf der Wasserstrahl trifft. Nach ein paar Minuten ist ein anderer Mitspieler der Klangmacher.

Spieler: Mindestens 3 • **Alter:** 4 bis 8 • **Spielort:** Draußen • **Spieldauer:** Etwa 5 Minuten • **Material:** 1 Gießkanne oder 1 Wasserschlauch, verschiedene wasserfeste Gegenstände

Schatz im Silbersee

Füllt die Plastikwanne mit Wasser, und stellt in die Mitte der Wanne eine kleine Glasschüssel. Dann bekommt jeder Mitspieler zehn Münzen: Ein-, Zwei-, Fünf- oder Zehncentstücke. Stellt euch in einem Abstand von etwa einem Meter von der Wanne auf. Nacheinander versucht nun jeder, eine Münze in die kleine Glasschüssel zu werfen. Das ist gar nicht so einfach, denn das Wasser verzerrt die Perspektive und die Münzen werden leicht abgetrieben, wenn sie zu flach auf dem Wasserspiegel aufkommen. Wer in die Glasschüssel trifft, darf seine Münze und alle anderen, die danebengegangen sind, als »Schatz« aus dem Wasser nehmen. Das Spiel ist beendet, wenn ein Mitspieler keine Münzen mehr hat.

Spieler: Mindestens 2 • **Alter:** 4 bis 10 • **Spielort:** Draußen **Spieldauer:** Etwa 5 Minuten • **Material:** 1 Plastikwanne, 1 kleine Glasschüssel, 10 Münzen pro Spieler

Schifffahrt

In der Nähe von Bächen oder Seen gibt es immer auch Bäume und Sträucher. Sucht dort nach abgefallenen, dicken Rindenstücken und flachen Holzteilen, die sich für den Bau von Holzschiffen eignen. Probiert aus, ob eines eurer Holzstücke gut auf dem Wasser liegt. Dann macht ihr vorsichtig mit dem Messer in die Mitte ein kleines Loch, in dem ihr ein Aststück als Mast befestigt. Bohrt in ein Stück Papier oben und unten ein Loch, und steckt es als Segel über den Mast. Jeder sollte sich so ein Schiffchen bauen.

Die selbst gebauten Schiffe gehen nun auf große Fahrt. Wenn der Bach genügend Strömung hat, setzt ihr eure Schiffe einfach nebeneinander ins Wasser und schaut, welches schneller ist. Oder ihr schubst die Schiffe auf den See hinaus und sorgt für Fahrt, indem ihr kleinere Steine direkt hinter den Schiffen ins Wasser werft.

Spieler: Mindestens 4 • **Alter:** 4 bis 10 • **Spielort:** Draußen • **Spieldauer:** Etwa 20 Minuten • **Material:** Äste, Holz- und Rindenstücke, 1 Messer, 1 Blatt Papier pro Spieler

Wasserleitung

Im Frühling findet ihr Löwenzahn überall. Pflückt unterschiedlich große Exemplare. Aus den Stielen, die nach oben hin dünner werden, steckt ihr nun eine möglichst lange Leitung zusammen, die ihr an einem Abhang auf den Boden legt. Die Leitung soll am unteren Ende in einem Plastikbecher enden. Wichtig ist, dass die Leitung möglichst dicht ist. Oben gießt ihr nun mit einem genauso großen Becher Wasser in die Löwenzahn-Wasserleitung. Das geht einfacher, wenn ihr ein zusammengerolltes Stück Papier als Trichter verwendet. An der Wassermenge, die sich im unteren Becher sammelt, lässt sich feststellen, wessen Löwenzahn-Wasserleitung die dichteste ist.

Spieler: Mindestens 2 • **Alter:** 4 bis 10 • **Spielort:** Draußen • **Spieldauer:** Etwa 15 Minuten • **Material:** Löwenzahnstängel, 2 Plastikbecher, Papier

Schlickerturm

Gemeinsam werden die Eimer aller Mitspieler mit einem Teil Wasser und mit zwei Teilen Sand gefüllt. Vermischt Sand und Wasser, bis sich eine Matschmasse ergibt, die nicht zu dünn sein sollte. Jetzt habt ihr den Baustoff für eure Schlickertürme, die nur mit der Hand modelliert werden. Nehmt Hand für Hand den Schlickersand aus dem Eimer, und lasst ihn langsam aus der Faust laufen, sodass langsam ein Gebilde entsteht, das aussieht wie ein großer Wachturm. Wenn jeder seinen gesamten Schlicker verbaut hat, messt ihr nach, wer den höchsten Turm gebaut hat. Dieser Mitspieler wird zum Schlickerburgbaumeister erklärt, der den Bau einer gemeinsamen Schlickerburg leitet.

Spieler: Mindestens 2 • **Alter:** 4 bis 10 • **Spielort:** Draußen • **Spieldauer:** Etwa 15 Minuten • **Material:** 1 Eimer pro Spieler, Sand, Wasser, Zollstock

Leuchtboote

Wenn es in eurer Nähe einen Bach oder einen kleinen Fluss gibt, könnt ihr abends, wenn es schon dunkel ist, Leuchtboote fahren lassen. Dazu braucht jeder von euch ein flaches Stück Holz oder ein Stück dicke Rinde, das gut auf dem Wasser liegt und nicht untergeht, wenn man ein Teelicht darauf stellt. Bindet eine lange Schnur an euer Boot, bevor ihr die Kerze anzündet und es aufs Wasser schickt, dann könnt ihr es auch an einem größeren Bach wieder an Land ziehen. Wenn jeder sein Leuchtboot mit der brennenden Kerze aufs Wasser gesetzt hat, könnt ihr am Ufer mitlaufen und eure Boote an der Leine voraustreiben lassen. Welches Boot ist am schnellsten?

Spieler: Mindestens 2 • **Alter:** 6 bis 10 • **Spielort:** Draußen • **Spieldauer:** Etwa 15 Minuten • **Material:** Holz- oder Rindenreste, 1 Teelicht und 1 langes Stück Schnur pro Spieler, Streichhölzer

Becherstaffel

Bestimmt wisst ihr, dass früher bei einem Brand eine Menschenkette gebildet wurde und das Wasser in Eimern vom einen zum nächsten weitergereicht wurde, um das Feuer zu löschen. So ähnlich funktioniert die Becherstaffel, nur gibt bei ihr keiner der Spieler seinen Becher aus der Hand. Der Erste macht seinen Becher randvoll mit Wasser und gießt den Inhalt in den Becher des nächsten Mitspielers, der seinerseits die Becherfüllung weitergibt. Beim letzten angekommen, nimmt das Wasser seinen Weg wieder zurück. Doch jetzt wird es schwieriger. Alle Mitspieler rücken ein Stück weiter auseinander, sodass die Becher beim Umfüllen nicht mehr übereinander gehalten werden können. Das Wasser muss also mit einem gezielten Schwung in die Luft geworfen und vom nächsten Mitspieler aufgefangen werden. Bildet nun zwei Staffelreihen, und probiert aus, welche Staffel mit der gleichen Anzahl Mitspieler das Wasser weiter transportieren kann. Entscheidend ist, dass beim letzten Mitspieler der Staffelreihe noch so viel Wasser ankommt, dass der Boden des Bechers bedeckt ist.

Spieler: Mindestens 4 • **Alter:** 4 bis 10 • **Spielort:** Draußen • **Spieldauer:** Etwa 5 Minuten • **Material:** 1 Plastikbecher pro Spieler

Regen fangen

An einem regnerischen Tag gibt's draußen nicht viele Möglichkeiten für Spiele. Doch so ein Tag ist genau richtig, um den Regen zu fangen. Jeder Mitspieler bekommt einen leeren Jogurtbecher. Dann zieht ihr euch alle wasserdichte Regenkleidung mit Gummistiefeln, Regenjacke und Kapuze an. Geht immer zu zweit los, um den Regen einzufangen. Haltet die Becher in die Luft, und fangt so viele Regentropfen wie möglich auf. Nach fünf Minuten wird das Spiel beendet. Versammelt euch, und messt mit einem Meterstab nach, wer am meisten Regen in seinem Becher eingefangen hat. Zieht dann erneut in Zweiergruppen los, und versucht, gemeinsam einen Becher ganz mit Regenwasser zu füllen. Das geht allerdings nur, wenn es stärker regnet.

Spieler: Mindestens 2 • **Alter:** 4 bis 10 • **Spielort:** Draußen
Spieldauer: Etwa 5 Minuten • **Material:** 1 leerer Jogurtbecher pro Spieler, Regenkleidung, 1 Meterstab

Flöße versenken

Jeder Mitspieler bekommt gleich viel Kieselsteine. Alle Steinchen sollten etwa gleich groß sein. Dann füllt ihr die Plastikwanne mit Wasser und setzt mindestens fünf Marmeladenglasdeckel als Flöße in die Wanne. Nun darf nacheinander jeder drei Kieselsteinchen in eines oder mehrere der Flöße legen, die Aufteilung bleibt jedem Mitspieler überlassen. Schon nach wenigen Runden werden die Flöße immer voller und drohen schließlich unterzugehen. Wer ein Floß zum Untergehen bringt, muss alle Kieselsteinchen dieses Floßes an sich nehmen. Er darf dann im weiteren Spielverlauf pro Runde sechs Steinchen in die Flöße legen. Die anderen müssen weiterhin jeweils drei Kieselsteine verteilen. Gespielt wird so lang, bis alle Flöße untergegangen sind.

Spieler: Mindestens 2 • **Alter:** 4 bis 10 • **Spielort:** Draußen und drinnen
Spieldauer: Etwa 5 Minuten • **Material:** Kleine Kieselsteine, 1 Plastikwanne, mehrere Marmeladenglasdeckel pro Spieler

Regenbogen auf Papier

Fülle die Untertasse mit Wasser, und stelle sie auf eine abwischbare Unterlage. Dann schneidest du aus einer Filterpapiertüte ein möglichst langes Stück heraus. Ein paar Zentimeter von einem Ende entfernt, malst du nebeneinander ein paar bunte Punkte mit den Filzstiften auf den Filterpapierstreifen. Achte darauf, dass es wasserlösliche Filzstifte sind. Dann legst du den Streifen so in die Untertasse, dass er ein bisschen ins Wasser ragt und über den Rand hinaushängt. Sofort saugt das Papier das Wasser auf, und wenn es bei den Farbpunkten angelangt ist, zieht es die Farben mit. So entsteht ein eigenartiger Regenbogen mit verwässerten, ausgefransten Farbstreifen. Du kannst auch andere Motive aufmalen und beobachten, wie sie vom Wasser verzerrt werden.

Spieler: Mindestens 1 • **Alter:** 4 bis 10 • **Spielort:** Draußen oder drinnen
Spieldauer: Etwa 10 Minuten • **Material:** 1 Untertasse, 1 abwischbare Unterlage, 1 Kaffeefilter, 1 Schere, bunte Filzstifte

Pipettenbilder

Für dieses Spiel brauchst du entweder eine Pipette, wie man sie beispielsweise an Augen- oder Nasentropfenfläschchen findet, oder einfach einen Trinkhalm aus Plastik. Leg zunächst die Arbeitsfläche mit viel Zeitungspapier aus, damit Wasser- und Farbspritzer keinen Schaden anrichten. Dann rührst du ein paar Wasserfarben mit viel Wasser an. Nimm jeweils immer nur eine Farbe mit der Pipette (Gummibalg zusammendrücken, in die Farbe tauchen und loslassen) oder dem Trinkhalm (in die Farbe tauchen und oben mit dem Finger zuhalten) auf, und zeichne damit auf ein herausgetrenntes Malblockblatt. Entweder entwirfst du ein abstraktes Gemälde, oder aber du versuchst, ein bestimmtes Motiv mit dieser Pipettentechnik zu malen.

Spieler: Mindestens 1 • **Alter:** 4 bis 10 • **Spielort:** Draußen oder drinnen
Spieldauer: Etwa 30 Minuten • **Material:** 1 Pipette oder 1 Trinkhalm, Zeitungspapier, Wasserfarben, 1 Pinsel, 1 Malblock

Blubbern

Der Trinkhalm ist normalerweise zum Trinken da, doch man kann auch ganz toll damit blubbern. Jeder füllt dazu seine Plastikschüssel zur Hälfte mit Wasser. Dann steckt jeder seinen Trinkhalm ins Wasser, und ein Mitspieler beginnt, eine Melodie zu blubbern, etwa »Hänschen klein«, »Alle meine Entchen« oder »Ihr Kinderlein kommet«. Er darf nicht singen oder summen, sondern nur im Rhythmus des Liedes blubbern. Sobald die anderen erkannt haben, um welches Lied es sich handelt, dürfen sie mitblubbern. Dann beginnt der nächste Mitspieler, den anderen ein Lied vorzublubbern. Oft endet das Blubbern in einer großen Wasserschlacht, bei der sich alle gegenseitig mit den Trinkhalmen bespritzen, deshalb spielt ihr es am besten im Freien und bei schönem Wetter.

Spieler: Mindestens 2 • **Alter:** 4 bis 10 • **Spielort:** Draußen
Spieldauer: Etwa 5 Minuten • **Material:** 1 Plastikschüssel und 1 Trinkhalm pro Spieler

Rate- und Knobelspiele

Manchen macht das Herumtoben und Kräftemessen besonderen Spaß, andere finden Rätsel und Knobeleien richtig spannend. Denken, raten, richtig und schnell reagieren, das ist nicht immer ganz einfach. Mal liegt die Antwort auf der Zunge, dann wieder ist das Gedächtnis wie leergefegt. Bei den Rate- und Knobelspielen im folgenden Kapitel geht es nicht nur ums Gewinnen, sondern auch ums Vergnügen. Und großen Spaß macht es, anderen zu helfen oder gemeinsam nach der richtigen Lösung zu suchen.

Gegenüberstellung

Bei diesem Spiel kommt es darauf an, scharf beobachten und sich Einzelheiten merken zu können. Alle stellen sich nebeneinander in einer Reihe auf. Der »Zeuge«, ein zuvor bestimmter Spieler, mustert aus ein paar Metern Entfernung die anderen Kinder. Er merkt sich genau alle Einzelheiten der Mitspieler, also wer eine Brille hat, wer welche Hosen trägt, die Farben der Pullover jedes Einzelnen. Je mehr Kinder mitspielen, desto schwieriger wird die Aufgabe für den Zeugen, der sich dann sehr viele Einzelheiten merken muss. Nun dreht sich der Zeuge um, und die anderen Mitspieler tauschen ein paar Kleidungsstücke untereinander aus. Bei jüngeren Kindern kann vereinbart werden, dass nur drei Kleidungsstücke ausgetauscht und die Plätze nicht vertauscht werden dürfen.

Spieler: Mindestens 3 • **Alter:** 4 bis 10 • **Spielort:** Draußen oder drinnen
Spieldauer: Etwa 5 Minuten • **Material:** Keines

Was ist so?

Ihr sitzt alle in einem Kreis auf dem Boden, und ein Mitspieler beginnt, nach einer Eigenschaft zu fragen, zum Beispiel: »Was ist blau?« Dann zeigt er auf einen anderen Spieler, der einen Gegenstand nennen muss, den er sieht und der blau ist. Danach nennt dieser selbst ein anderes Eigenschaftswort und fordert den nächsten Mitspieler auf, etwas dieser Art zu entdecken. Nach einer Weile werden zwei Eigenschaften miteinander kombiniert, etwa »blau und rund« oder »grün und dünn«. Es muss tatsächlich etwas zu sehen sein, das zu dieser Beschreibung passt. Setzt das Spiel fort, indem ihr noch mehr Eigenschaften kombiniert.

Spieler: Mindestens 4 • **Alter:** 4 bis 10 • **Spielort:** Draußen oder drinnen
Spieldauer: Etwa 5 Minuten • **Material:** Keines

Wissenskunde

Am besten setzt ihr euch bei diesem Spiel um einen Tisch oder im Kreis. Durch Abzählen wird bestimmt, wer beginnt. Dieser Mitspieler nennt nun ein Land, ein Gewässer, eine Stadt, eine Pflanze, einen Vornamen oder ein Tier, das mit A beginnt, etwa Affe. Danach nennt der Mitspieler, der rechts neben ihm sitzt, ein entsprechendes Tier mit B, beispielsweise Bär. Das geht so reihum, bis das ganze Alphabet durch ist. Wer kein Tier mit seinem Buchstaben kennt, muss ein Pfand vor sich legen. In jeder neuen Runde wird ein anderes Gebiet abgefragt. Das Spiel geht so lang, bis euch keine Wissensgebiete mehr einfallen, die man alphabetisch abfragen könnte.

Spieler: Mindestens 3 • **Alter:** 7 bis 10 • **Spielort:** Drinnen
Spieldauer: Etwa 20 Minuten • **Material:** Keines

Begriffe sammeln

Stellt euch alle im Kreis auf. Ein Mitspieler bekommt den Ball und überlegt sich einen Begriff, zum Beispiel: »Stall«. Dann wirft er den Ball einem beliebigen anderen Mitspieler zu und sagt laut dieses Wort. Der andere fängt den Ball auf und muss einen Begriff finden, der zu »Stall« passt. Das kann beispielsweise »Hase«, »Kuh«, aber auch »Heu« oder »Mist« sein. Er wirft wiederum den Ball weiter, und der Nächste muss nun zu dem neuen Begriff etwas Passendes finden. Fällt einem Mitspieler nicht sofort etwas ein, muss er ein Pfand abgeben. Das Spiel geht so lang, bis alle Mitspieler im Kreis ein Pfand hergeben mussten.

Spieler: Mindestens 4 • **Alter:** 4 bis 10 • **Spielort:** Draußen oder drinnen
Spieldauer: Etwa 5 Minuten • **Material:** 1 Ball

Aneinander reihen

Ein Mitspieler beginnt, indem er irgendeinen Gegenstand auf den Boden legt. Der nächste legt einen anderen Gegenstand daneben und muss begründen, warum er zu dem ersten Gegenstand passt. Er kann zum Beispiel sagen: »Der Stift ist genauso rot wie das Modellauto.« Nun muss vom nächsten Spieler wiederum ein Gegenstand an die Reihe angelegt werden, der eine Gemeinsamkeit mit dem Stift hat. Wenn eine vorher festgelegte Anzahl von Gegenständen aneinander gereiht wurde, nehmt ihr die Gegenstände und legt sie in einer willkürlichen Reihenfolge neu auf den Boden. Nun versucht einer nach dem anderen, diese neue Reihung zu begründen. Kommt ein Mitspieler nicht mehr weiter, ist der nächste dran.

Spieler: Mindestens 2 • **Alter:** 4 bis 10 • **Spielort:** Draußen oder drinnen • **Spieldauer:** Etwa 10 Minuten
Material: Verschiedene Gegenstände

Verbotener Schatz

Verteilt auf dem Tisch die Knöpfe so, dass sie alle bunt durcheinander, aber nicht übereinander liegen, damit jeder jeden Knopf sehen kann. Ein Mitspieler dreht sich um, und die anderen bestimmen einen Knopf zum »verbotenen Schatz«. Der Mitspieler dreht sich wieder her und darf beginnen, einen Knopf nach dem anderen wegzunehmen. Will er jedoch den verbotenen Schatz nehmen, rufen alle anderen laut: »Eins, zwei, drei, dein Spiel ist jetzt vorbei!« Nun muss sich ein anderer Mitspieler umdrehen, und ein anderer Knopf wird zum verbotenen Schatz bestimmt. Wieder darf er so viele Knöpfe einsammeln, bis er versehentlich den verbotenen Schatz nehmen will. Das Spiel endet, wenn alle Knöpfe verteilt sind – nur der zuletzt bestimmte verbotene Schatz bleibt übrig. Wer am meisten Knöpfe gesammelt hat, ist Schatzmeister.

Spieler: Mindestens 3 • **Alter:** 4 bis 8 • **Spielort:** Drinnen • **Spieldauer:** Etwa 10 Minuten • **Material:** Viele verschiedene Knöpfe

Im Gefängnis

Wichtig ist für dieses Würfelspiel, dass es ein paar Mitspieler noch nicht kennen. Gewürfelt wird mit drei Würfeln, und je nachdem, was die Würfel anzeigen, können die Eingeweihten beispielsweise bestätigen: »Wir haben hier drei Tunnels, sechs Wärter und zwölf Häftlinge.« Was sich dahinter verbirgt, das müssen die anderen in Erfahrung bringen. Sie würfeln selbst und versuchen, aus den gewürfelten Zahlen die richtige Anzahl von Tunnels, Wärtern und Häftlingen zu bestimmen.

Die Lösung ist gar nicht so schwer: Würfelaugen in der Mitte des Würfels sind die Tunnels, die Wärter stehen um die Tunnels herum, und die Häftlinge sind durch die Tunnels geflüchtet. Wenn die Würfel also 1, 3 und 5 zeigen, sind das drei Tunnels, sechs Wärter und zwölf (geflüchtete) Häftlinge. Die Häftlinge ergeben sich aus der Anzahl der Würfelaugen, die auf der gegenüberliegenden Seite sind. Die Augen auf gegenüberliegenden Würfelseiten geben mit den oben liegenden Augen immer die Summe sieben, sodass also bei einer 3 vier, einer 5 zwei und einer 1 sechs Häftlinge durch die Tunnels geflohen sind.

Spieler: Mindestens 2 • Alter: 6 bis 10 • Spielort: Draußen oder drinnen
Spieldauer: Etwa 5 Minuten • Material: 3 Würfel

Gern oder ungern

Ein Mitspieler beginnt, indem er den Ball an den Nächsten weiterreicht und sagt: »Ich gebe den Ball gern weiter.« Dabei lächelt er übertrieben. Er könnte den Ball auch weiterreichen mit den Worten: »Ich gebe den Ball ungern weiter« und dabei ein mürrisches Gesicht machen. Jeder achtet also auf sein Lächeln oder sein mürrisches Gesicht, und keinem fällt auf, dass er den Ball im einen Fall mit der linken Hand weitergibt, im anderen jedoch mit der rechten. Die versteckte Regel bei diesem Spiel ist, dass man den Ball mit rechts gern und mit links ungern weitergibt. Der Gesichtsausdruck ist unwichtig. Das Spiel wird so lang gespielt, bis ein Mitspieler nach dem anderen die Regel durchschaut.

Spieler: Mindestens 3 • **Alter:** 4 bis 10 • **Spielort:** Draußen oder drinnen
Spieldauer: Etwa 5 Minuten • **Material:** 1 Ball

Knopfmemory

Zeichnet auf einen Malblock ein großes Quadrat mit sechs mal sechs Feldern, sodass ihr 36 Kästchen erhaltet. In jedes dieser Kästchen kommt ein anderer Knopf; es macht aber nichts, wenn ein paar Knöpfe doppelt sind. Betrachtet die Felder genau, und merkt euch, welcher Knopf wo liegt. Dann dreht sich der erste Mitspieler um, und zwei Knöpfe werden gegeneinander ausgetauscht. Der Spieler muss nun erraten, welche beiden Knöpfe die Plätze getauscht haben. Weiß er es, bekommt er einen Punkt. Dann muss sich der nächste Mitspieler umdrehen. Sobald ein Mitspieler zehn Punkte erreicht hat, ist das Spiel zu Ende.

Spieler: Mindestens 2 • **Alter:** 4 bis 10 • **Spielort:** Drinnen • **Spieldauer:** Etwa 15 Minuten • **Material:** 1 Malblock, 1 Stift, 36 verschiedene Knöpfe

Rätselhafte Abkürzungen

Jeder Mitspieler notiert sich auf einem Zettel einen kurzen Satz, z. B.: »Hans mag keinen Kirschkuchen.« Dann überträgt er die Anfangsbuchstaben seines Satzes auf einen anderen Zettel, also: »HmkK.« Der Zettel mit den Anfangsbuchstaben wird nun an den nächsten Mitspieler weitergegeben, während der Zettel mit dem ganzen Satz in der Hosentasche verschwindet, sodass ihn keiner sehen kann. Nun schreibt jeder Mitspieler einen möglichen Satz unter die ihm unbekannte Abkürzung und notiert seinen Namen dahinter. Aus »HmkK.« kann also auch werden: »Hasen mümmeln kleine Kohlköpfe.«, oder etwas Ähnliches. Sind die Abkürzungen alle im Kreis gegangen und wieder bei dem gelandet, der die Abkürzung geschrieben hat, werden die versteckten Zettel hervorgeholt und Punkte verteilt. Jeder Satz erhält zunächst einen Punkt, ein richtiges Wort gibt drei Punkte, und wer den kompletten Satz erraten hat, bekommt fünf Punkte extra. Das Spiel ist zu Ende, wenn ein Mitspieler mindestens 20 Punkte gesammelt hat.

Spieler: Mindestens 4 • **Alter:** 7 bis 10 • **Spielort:** Drinnen • **Spieldauer:** Etwa 15 Minuten • **Material:** Mehrere Notizzettel, 1 Stift pro Spieler

Fremdsprache

Überlegt euch, wie ihr bekannte Wörter so verändern könnt, dass man sie nicht sofort erkennt. Hier ein paar Beispiele: Aus Blumentopferde werden, durch geschicktes Trennen, die Blumento-Pferde, ein Rockärmel wird zum Rocker-Mehl, eine Katze zum Kat-See. Jeder schreibt jetzt ein paar dieser Begriffe auf seinen Zettel und gibt sie verdeckt an seinen Nachbarn weiter. Nacheinander muss nun jeder Mitspieler den Zettel, den er bekommen hat, umdrehen und sofort laut lesen, was dort steht. Zu seinem Vergnügen und zum Spaß der anderen wird er beinahe alles falsch betonen. Manchmal werden alle ein bisschen rätseln müssen, bis sie auf das ursprüngliche Wort kommen. Wenn euch dieses Wörter-Verändern Spaß gemacht hat, versucht ihr in der nächsten Runde, ganze Sätze zu bilden.

Spieler: Mindestens 2 • Alter: 7 bis 10 • Spielort: Drinnen • Spieldauer: Etwa 15 Minuten • Material: 1 Notizzettel und 1 Stift pro Spieler

Was kann ...?

Einer der Mitspieler beginnt, die anderen zu fragen, was ein Mensch, ein Tier oder eine Maschine kann; beispielsweise: »Was kann ein Auto?« Reihum geben alle jeweils eine Antwort, also z. B.: vorwärts fahren, rückwärts fahren, hupen, bremsen, einparken, blinken. Alle dürfen antworten, nur der, der die Frage gestellt hat, wird übersprungen. Wer eine richtige Antwort gibt, bekommt dafür einen Punkt, wobei natürlich nichts doppelt vorkommen darf. Wenn alles aufgezählt wurde und den Mitspielern nichts Neues mehr einfällt, ist der Nächste an der Reihe. Das Spiel geht so lang, bis alle mindestens einmal eine Frage stellen durften. Wer dann am meisten Punkte gesammelt hat, ist Sieger.

Spieler: Mindestens 3 • Alter: 4 bis 10 • Spielort: Draußen oder drinnen
Spieldauer: Etwa 10 Minuten • Material: Keines

Herrscher, was gefällt euch denn?

Durch Abzählen wird der »Herrscher« bestimmt. Herrscher sind manchmal launische, unberechenbare Menschen, und man weiß nie, ob man es ihnen recht macht. Ein Mitspieler beginnt den Herrscher etwa Folgendes zu fragen. »Herrscher, was gefällt euch denn? Ich habe euch diese Dinge gebracht: einen roten Ball, eine Zitrone und ein Ei.« Der Herrscher gibt nun kund, ob ihm etwas von diesen Dingen gefällt. Für sich im Stillen hat er festgelegt, dass ihm beispielsweise nur gelbe Dinge gefallen. Er antwortet in diesem Fall also: »Ja, die Zitrone gefällt mir.« Würden ihm nur Dinge gefallen, die mit »N« beginnen, wäre nichts Passendes darunter. Nun muss das nächste Kind fragen, was dem Herrscher gefällt. Reihum versucht nun jeder, auf das Kriterium zu kommen, das sich der Herrscher ausgedacht hat. Wenn alle Mitspieler nur noch richtige Dinge nennen, wird ein nächster Herrscher ausgezählt.

Spieler: Mindestens 3 • **Alter:** 6 bis 10 • **Spielort:** Draußen oder drinnen
Spieldauer: Etwa 10 Minuten • **Material:** Keines

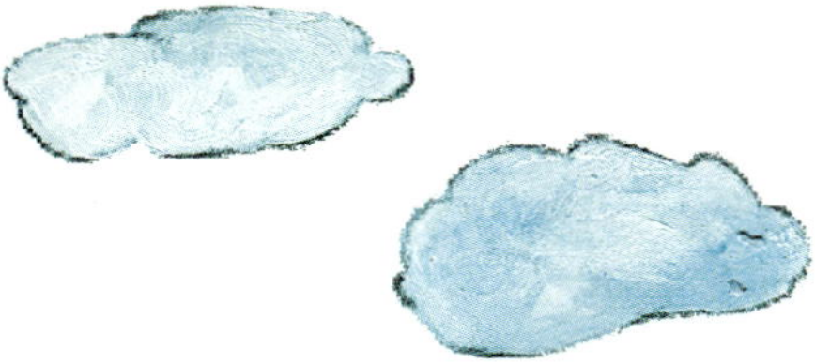

Ruhige Spiele

Abwechslung muss sein – das gilt auch fürs Spielen. Nach anstrengenden Laufspielen oder aufwühlendem Rätselraten ist Entspannung bei ruhigeren Spielen genau das Richtige. Dass diese Spiele alles andere als langweilig sind, könnt ihr an den Anregungen im folgenden Kapitel sehen. Viele der ruhigen Spiele kann man allein spielen, für einige braucht ihr Mitspieler.

Silhouettenkette

Dieses Spiel kann auf einem geteerten oder gepflasterten Platz gespielt werden. Der erste Mitspieler legt sich mit gestreckten Beinen und abgespreizten Armen auf den Rücken. Ein anderer Mitspieler zeichnet nun so genau wie möglich die Umrisse des Liegenden mit weißer Kreide nach. Dann legt sich der nächste Mitspieler auf den Boden, und zwar so, dass eine Hand auf der gezeichneten Hand des ersten Mitspielers liegt. So wird von jedem Mitspieler die Silhouette gezeichnet. Jetzt geht jeder Mitspieler zu seiner Silhouette und malt seine Kleider auf. Dabei lässt er nur das Gesicht frei. Jeder darf nun einen Mitspieler auswählen, der sein Gesicht in die fertige Silhouette zeichnet.

Spieler: Mindestens 2 • Alter: 4 bis 10 • Spielort: Draußen • Spieldauer: Etwa 30 Minuten • Material: Farbige Kreiden

Farbabdruck

Vergewissere dich, dass die Plastiktüte (eine kleine Einkaufstüte oder ein Gefrierbeutel) dicht ist. Sicherheitshalber deckst du den Tisch mit altem Zeitungspapier ab – falls etwas Farbe daneben geht. Leg die Plastiktüte flach auf den Tisch, und mal mit dem Pinsel und den Wasserfarben oder mit den Fingern und Fingerfarben ein tolles Bild auf die Tüte. Dann nimmst du ein leeres Blatt Papier, drückst es auf die noch nasse Farbe und ziehst es gleich wieder ab. Jetzt hast du ein echtes kleines Meisterwerk, einen Originaldruck. Leg das Papier beiseite, und lass es trocknen. Falls noch nasse Farbe auf der Plastiktüte ist, kannst du noch einen Abdruck machen.

Spieler: Mindestens 1 • Alter: 4 bis 10 • Spielort: Drinnen • Spieldauer: Etwa 15 Minuten • Material: 1 Plastiktüte pro Spieler, alte Zeitungen, Wasser- oder Fingerfarben, 1 Pinsel pro Spieler, Papier

Kieselburg bauen

Um eine Kieselburg bauen zu können, braucht ihr natürlich zuerst einmal eine Menge Kieselsteine. Sammelt also kleinere und mittelgroße Steine, die möglichst flach sein sollten. Dann hält die Burg besser. Wenn ihr genug Kieselsteine gesammelt habt, werden sie gerecht unter den Mitspielern aufgeteilt. Jeder bekommt gleich viele und etwa gleich große Steine. Dann zeichnet ihr mit Kreide ein Quadrat oder einen Kreis von etwa zwanzig Zentimeter Durchmesser auf den Boden, das ist die Grundfläche der Kieselburg. Jeder Mitspieler legt nun abwechselnd einen von seinen Kieselsteinen in diese Grundfläche, bis sie voll ist. Dann wird damit begonnen, die Burg in die Höhe zu bauen. Jeder darf immer nur einen Kieselstein ablegen. Die Burg muss so hoch wie möglich werden, die Steine sollten also vorsichtig und mit Bedacht gesetzt werden. Legt ein Mitspieler seinen Stein so auf, dass die Burg in sich zusammenstürzt, muss er alle Kieselsteine nehmen, die außerhalb der Grundfläche gelandet sind. Wer als Erster alle seine Kieselsteine in der Burg verbaut hat, hat gewonnen und ist Burgmeister.

Spieler: Mindestens 2 • **Alter:** 4 bis 10 • **Spielort:** Draußen • **Spieldauer:** Etwa 30 Minuten • **Material:** Kleine und mittelgroße Kieselsteine, Kreide

Fensterbilder malen

Fragt eure Eltern, auf welches Fenster ihr ein Fensterbild malen dürft. Am besten geeignet sind Fenster mit Kunststoffrahmen, hier lassen sich die Farben wieder mühelos entfernen. Legt auf die Fensterbank und den Boden vor dem Fenster altes Zeitungspapier, falls etwas von der Farbe daneben gehen sollte. Überlegt euch, was ihr malen wollt, und tragt dann die Farbe vorsichtig mit den Fingern auf die Fensterscheibe auf. Nehmt nicht zu viel Farbe auf einmal, sonst läuft sie runter. Geht einmal was daneben, lässt sich die Farbe ganz einfach mit einem feuchten Schwamm abwischen. Kurz bevor die Farbe ganz trocken ist, könnt ihr mit Schaschlikstäbchen noch Muster in die Farbflächen ritzen.

Spieler: Mindestens 1 • **Alter:** 6 bis 10 • **Spielort:** Drinnen • **Spieldauer:** Etwa 15 Minuten • **Material:** Alte Zeitungen, Fingerfarben, Wasser, Schwamm, Schaschlikstäbchen aus Holz

Fußkünstler

Bevor ihr beginnt, müsst ihr den Boden mit Zeitungspapier belegen. Außerdem solltet ihr Kleidung tragen, auf der ein Farbfleck nicht stört. Dann legt ihr die Tapetenrollen mit der Rückseite nach oben aus und mischt die Wasserfarben an. Zieht Schuhe und Strümpfe aus, setzt euch bequem hin, nehmt den Pinsel zwischen die Zehen, und beginnt damit, ein Bild auf die Tapetenrolle zu malen. Am Anfang ist es schwierig, gerade Linien und schöne Bögen zu ziehen, aber mit der Zeit geht es immer besser. Jeder versucht jetzt, eine Landschaft mit Bäumen, Häusern, Blumen und Wolken zu malen. Zum Schluss malt ihr zusammen ein großes Bild.

Spieler: Mindestens 1 • **Alter:** 4 bis 10 • **Spielort:** Draußen oder drinnen **Spieldauer:** Etwa 15 Minuten • **Material:** Alte Zeitungen, alte Tapetenrollen, Wasserfarben, 1 Pinsel pro Spieler

Wolkenbilder entdecken

Schaut doch ab und zu mal wieder in den Himmel hoch. Was gibt es dort zu sehen? Bestimmt sind ein paar Wolken am Himmel. Wenn ihr lange genug hinschaut, lassen sich Formen erkennen, vielleicht sogar Tiere, Menschen, Gesichter usw. Bei manchen Wolken geht das einfacher, bei anderen ist es schwieriger. Schaut euch die Wolken genau an, und beobachtet, ob und wie schnell sie sich verändern; denn der Wind formt die Wolken zu immer neuen Gebilden um. Denkt euch eine Geschichte zu den Wolkenfiguren aus, die ihr entdeckt habt, und beschreibt, wie und warum sich die Wolkengestalten ändern.

Spieler: Mindestens 1 • **Alter:** 4 bis 10 • **Spielort:** Draußen • **Spieldauer:** Etwa 5 Minuten • **Material:** Keines

Synchronmassage

Durch Auszählen wird bestimmt, wer als Erster der Kunde ist. Der Kunde legt sich jetzt bäuchlings flach auf die Decke; die beiden anderen sind die Masseure, die sich links und rechts neben ihn auf den Boden knien. Der Kunde sagt nun: »Einmal sanfte Massage, bitte.« Die beiden Masseure antworten: »Aber gern.« Sie beginnen mit der Massage am Hals, dann geht's weiter über die Schultern, den Rücken und die Arme hinunter, über den Po und die Beine bis zu den Füßen. Die Masseure gehen sanft zu Werke, kreisen und drücken leicht mit den Fingerspitzen, und packen mit der Zeit etwas stärker zu. Beide Masseure arbeiten synchron, das heißt, der linke Masseur bearbeitet auf seiner Seite immer die gleiche Körperpartie wie der rechte. Nach einer Weile ist der Kunde fertig massiert. Dann ist einer der Masseure der Kunde.

Spieler: Mindestens 3 • **Alter:** 4 bis 10 • **Spielort:** Draußen oder drinnen **Spieldauer:** Etwa 10 Minuten • **Material:** 1 Decke pro 3 Spieler

Steinmosaik

Gemeinsam sucht ihr zuerst eine Menge Steine: größere und kleinere, runde und eckige, Steine in verschiedenen Farben und mit unterschiedlichen Mustern. Jeder bekommt ein Häufchen dieser Steine zugeteilt, und dann gestaltet ihr euer eigenes Steinmosaik. Legt die Silhouette einer Figur, eines Tieres oder einer Pflanze, und lasst die anderen raten, was es ist. Viel Spaß macht auch ein Gemeinschaftsbild. Zuerst werden die Umrisse gelegt, und anschließend werden die Flächen mit passenden Steinchen bedeckt. Zum Schluss legt ihr noch einen Rahmen um das Mosaik und füllt diesen mit einfarbigen Steinen aus.

Spieler: Mindestens 2 • **Alter:** 4 bis 10 • **Spielort:** Draußen • **Spieldauer:** Etwa 15 Minuten • **Material:** Verschiedene Steine

Natur-Mandala

Mandalas zu legen entspannt und macht Spaß. Sammle draußen, was du gerade findest, z. B. Blätter, Blüten, Gräser, Halme, Stöckchen, Kastanien. Breite die Dinge dann aus, und beginne damit, einen Kreis zu gestalten. Fang mit einem Punkt in der Mitte an, und leg dann im Kreis herum immer neues Material nach. Lass deinem Farben- und Formgefühl freien Lauf. Wichtig ist, dass dir das Mandala gefällt. Entwickle es Stück für Stück, immer im Kreis herum. Vielleicht legst du zunächst ein Mandala nur aus Blüten, später kommen Blätter und Gräser hinzu. Wenn du ein Stück Karton darunter legst, kannst du das Mandala mitnehmen.

Spieler: Mindestens 1 • **Alter:** 4 bis 10 • **Spielort:** Draußen oder drinnen • **Spieldauer:** Etwa 20 Minuten • **Material:** Steine, Blätter, Zweige und andere Naturmaterialien

Ganz leise schleichen

Alle Spieler bis auf einen legen sich im Kreis mit dem Rücken auf den Boden. Beine und Arme sind weit gespreizt, die Augen geschlossen. Der stehende Mitspieler zieht jetzt geräuschlos seine Schuhe aus. Er schleicht um den Kreis und versucht, keinen Laut zu verursachen. Vorsichtig steigt er über die am Boden liegenden Mitspieler, die ihre Augen geschlossen halten müssen. Spürt oder hört ein Liegender den Schleichenden, richtet er sich auf und hält ihn fest. Der Schleicher muss dann noch einmal versuchen, unbemerkt in den Kreis zu gelangen. Ist ihm das geglückt, klatscht er in die Hände und bestimmt seinen Nachfolger.

Spieler: Mindestens 4 • **Alter:** 4 bis 10 • **Spielort:** Draußen oder drinnen
Spieldauer: Etwa 5 Minuten • **Material:** Keines

Umrisse ertasten

Ein Mitspieler muss sich umdrehen und einige Schritte weggehen, während die anderen auf ein Stück Karton eine Figur zeichnen und sie ausschneiden. Dann wird die Figur versteckt, und der Mitspieler darf wiederkommen. Er muss sich umdrehen, die Hände hinter den Rücken halten und die Figur ertasten, um zu erraten, was sie darstellen soll. Ein halbrundes Objekt kann eine Banane, der Mond oder ein Plätzchen (z. B. Kipferl) sein. Hat der Mitspieler schließlich mithilfe der anderen erraten, was er in Händen hält, ist der nächste dran, und eine neue Figur wird ausgeschnitten.

Spieler: Mindestens 2 • **Alter:** 4 bis 10 • **Spielort:** Draußen oder drinnen
Spieldauer: Etwa 10 Minuten • **Material:** Karton, 1 Stift, 1 Schere

Wollfadenbilder

Überleg dir zuerst das Motiv, das du gestalten möchtest, etwa ein Haus mit Blumenwiese, ein Riesenrad oder eine Straße voller Autos. Dann legst du mit verschiedenen Fäden die Umrisse auf ein großes Stück Karton. Mit ein paar Tropfen Klebstoff fixierst du die Silhouetten und klebst dann einen Wollfaden nach dem anderen in den entsprechenden Farben nebeneinander, um die Flächen zu füllen. Das Fadenende schneidest du knapp über dem Bild mit der Schere ab. Wenn eine Farbe ausgeht, macht das gar nichts. Improvisiere, entwirf ein buntes Auto oder ein blaues Hausdach. Je farbenfroher, desto schöner werden die Wollfadenbilder. Was besonders Spaß macht, wenn noch andere mitspielen: die Mitspieler als kleine Wollfiguren entwerfen und diese so gestalten, wie sie im Augenblick angezogen sind.

Spieler: Mindestens 1 • **Alter:** 4 bis 10 • **Spielort:** Draußen oder drinnen • **Spieldauer:** Etwa 10 Minuten
Material: Wollreste, 1 Karton pro Spieler, Klebstoff, 1 Schere

Steine bemalen

Manchmal stechen sie einem regelrecht ins Auge: Steine, die aussehen wie ein Kopf, ein Pferd, eine Katze oder eine andere Figur. Oft musst du nur eine Weile hinschauen, und mit ein bisschen Fantasie entdeckst du, was in einem Stein »steckt«. Sammle einige kleinere und mittelgroße Steine, egal, ob du in ihnen sofort eine Figur erkennst oder nicht. Setz dich hin, und betrachte sie eine Weile lang. Dann nimmst du Farben und einen Pinsel zur Hand und bemalst die Steine. Verwandle sie nach Lust und Laune in traurige und lustige Gesichter, in Käfer, Tiere, Häuser oder Ballons. Du kannst auch ganze Szenen aus einzelnen Steinen zusammenstellen und mit anderen ein kleines Stück aufführen.

Spieler: Mindestens 1 • **Alter:** 4 bis 10 • **Spielort:** Draußen oder drinnen
Spieldauer: Etwa 10 Minuten • **Material:** Steine, Wasserfarben oder Fingerfarben, 1 Pinsel pro Spieler

Klebebilder

Zunächst brauchst du ein Häufchen möglichst trockenen Sand. Falls du keinen Sand findest, kannst du aber auch mit trockener, feiner Erde arbeiten. Zeichne die Umrisse der Dinge, die du abbilden möchtest, mit einem Stift auf den Block, beispielsweise einen Schmetterling, der über einer Blume schwebt, oder eine Sonne, die über einer Wiese leuchtet. Die Umrisse der Figuren bestreichst du dann mit Klebestift. Jetzt streust du den Sand dünn auf das Blatt und schüttelst es hin und her, damit er sich gleichmäßig verteilt. Dann hältst du das Blatt senkrecht, sodass nur der Sand auf dem Bild bleibt, der auf den Klebeflächen fest haftet. Schmücke dein Bild mit Blättern und Blüten weiter aus, wie es dir gefällt. Wenn du getrocknete Blüten und Blätter nimmst, hält sich das Bild beinahe unbegrenzt.

Spieler: Mindestens 1 • Alter: 4 bis 10 • Spielort: Draußen oder drinnen
Spieldauer: Etwa 10 Minuten • Material: Sand, 1 Stift pro Spieler, 1 Zeichenblock, 1 Klebestift, Blätter, Blüten

Hüpf- und Laufspiele

Sich mal so richtig austoben, das macht vor allem dann Spaß, wenn genügend Platz da ist. Eine Wiese oder ein großer Hof sind dafür der beste Platz – vor allem dann, wenn das Wetter schön ist. Doch auch in einem geräumigen Zimmer oder in einem langen Flur könnt ihr Spiele machen, um euch so richtig zu verausgaben. Welche Spiele das sind? Das seht ihr im folgenden Kapitel.

Werfen und hüpfen

Zuerst wird die Strecke bestimmt, die zurückgelegt werden muss. Nach dem Startzeichen wirft jeder seinen Stein vor sich auf den Boden, und zwar so weit, dass er ihn mit einem Sprung erreichen kann. Neben dem Stein gelandet, nimmt er ihn wieder auf, wirft ihn wieder ein Stück weg und hüpft erneut hinterher. Hat ein Mitspieler den Stein zu weit geworfen, sodass er ihn nicht mehr mit einem Sprung erreichen kann, muss er drei große Schritte zurückgehen. Wer das Ziel zuerst erreicht hat, ist Etappensieger. Auf dem Rückweg wird es etwas schwieriger. Jetzt darf immer nur auf einem Bein gehüpft werden. Neben dem Stein angekommen, darf jeder Spieler kurz auf beiden Beinen ausruhen, bevor er erneut den Stein werfen und auf einem Bein weiterhüpfen muss.

Spieler: Mindestens 2 • **Alter:** 4 bis 10
Spielort: Draußen • **Spieldauer:** Etwa 5 Minuten
Material: 1 Stein pro Spieler

Anklammern

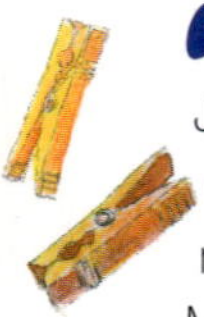

Jeder Mitspieler bekommt fünf Wäscheklammern in einer Farbe, also entweder nur gelbe, rote, schwarze usw. Auf ein Zeichen hin muss jeder versuchen, seine Wäscheklammern bei den anderen Mitspielern hinten am Hemd oder am Pullover anzuklammern. Diese dürfen nicht in den Hosenbund gesteckt werden. Bei der Jagd darf kein Mitspieler den anderen festhalten – nur Geschick und Schnelligkeit dürft ihr einsetzen, um eine Wäscheklammer nach der anderen loszuwerden. Wer alle seine Klammern als Erster festgemacht hat, hat gewonnen. Am besten begrenzt ihr das Spielfeld, innerhalb dessen alle bleiben müssen. Je kleiner das Spielfeld ist, desto weniger Möglichkeiten gibt es, dem anderen auszuweichen, und desto schneller ist die Spielrunde beendet.

Spieler: Mindestens 4 • **Alter:** 4 bis 10 • **Spielort:** Draußen **Spieldauer:** Etwa 5 Minuten • **Material:** 5 Wäscheklammern in einer Farbe pro Spieler

Raupenlauf

Stellt euch alle hintereinander auf, und fasst immer den Mitspieler, der vor euch geht, um den Bauch. So entsteht eine Raupe mit vielen Beinen, die aufeinander abgestimmt werden müssen. Der Erste in der Raupenschlange gibt dabei den Takt vor. Er klatscht in die Hände, und bei jedem Klatschen bewegt sich die Raupe abwechselnd links und rechts einen Schritt vorwärts. Das geschieht mal schneller, mal langsamer, ganz so, wie geklatscht wird.

Der Erste kann auch zwei Kochlöffel in den Händen halten (was aussieht wie die Augen der Raupe) und diese rhythmisch aufeinander schlagen. Die Raupe muss nun mehrere Hindernisse überwinden. Auf geraden Strecken kann sie schneller gehen, treppauf oder treppab ist nur ein langsames Tempo möglich, sonst stolpert die Raupe über ihre eigenen Füße. Nach einer Weile wird gewechselt, und der Mitspieler ganz hinten in der Raupe kommt ganz nach vorn und gibt dort die Geschwindigkeit und die Richtung vor.

Seid ihr genug Mitspieler, können zwei Raupen gegeneinander zum Raupenwettlauf antreten. Legt eine Strecke fest, und messt die Zeit, die jede Raupe braucht. Wenn genug Platz ist, laufen beide Raupen gleichzeitig nebeneinander los. Die schnellere Raupe hat gewonnen. Doch Vorsicht: Wer schneller läuft, stolpert auch leichter über die vielen Füße.

Spieler: Mindestens 3 • **Alter:** 4 bis 10 • **Spielort:** Draußen oder drinnen
Spieldauer: Etwa 5 Minuten • **Material:** Eventuell 2 Kochlöffel

Vogel und Vogelfänger

Zwei gleich große Gruppen bilden zwei Reihen, die sich im Abstand von etwa zehn Metern gegenüberstehen. Jetzt läuft ein Mitspieler der einen Gruppe als Vogel auf die andere Reihe zu. Dort haben alle die Hand ausgestreckt und warten, dass der Vogel sie auf die Hand schlägt. Der Vogel darf dreimal aufschlagen, egal, ob auf eine Hand oder auf drei verschiedene Hände. Wer den letzten Schlag empfangen hat, der ist Vogelfänger. Der Vogel läuft nun so schnell wie möglich zu seiner Gruppe zurück. Kann er hinter seiner Reihe verschwinden, muss sich der Vogelfänger der Gruppe des Vogels anschließen. Erwischt der Vogelfänger den Vogel, nimmt er ihn zu seiner Gruppe. Nun ist ein Spieler der zweiten Gruppe der Vogel. Ihr könnt so lange spielen, bis alle einmal der Vogel waren oder bis eine Gruppe sich vollständig der anderen anschließen musste.

Spieler: Mindestens 8 • **Alter:** 4 bis 10 • **Spielort:** Draußen • **Spieldauer:** Etwa 10 Minuten • **Material:** Keines

Bunter Gruß

Die Fingerfarben werden so verteilt, dass jeder Mitspieler eine andere Farbe bekommt. Dabei lassen sich durch Mischen auch neue, ganz besondere Farbtöne finden. Jeder fährt jetzt mit einem Finger durch seine Farbe und läuft los, um möglichst viele andere Kinder zu fangen und ihnen einen Farbklecks auf die Hand zu machen. Dazwischen muss jeder immer mal wieder zu seiner Farbdose zurück, denn die Farbe auf dem Finger reicht natürlich nicht weit. Wer nach fünf Minuten die meisten Farbkleckse auf fremden Händen verteilt hat, ist der Gewinner.

Spieler: Mindestens 5 • **Alter:** 4 bis 8 • **Spielort:** Draußen • **Spieldauer:** Etwa 5 Minuten • **Material:** Fingerfarben

Siamesischer Zwillingstanz

Je zwei Mitspieler finden sich zusammen zum siamesischen Zwillingstanz. Sobald die Musik beginnt, tanzen sie umher und berühren sich dabei immer an einer vorher festgelegten Körperstelle, beispielsweise an den Ellbogen oder an den Oberarmen. Egal, wie langsam oder schnell der Rhythmus ist, die beiden müssen sich im Takt der Musik bewegen und sich dabei immer berühren. Bei einer ungeraden Zahl von Mitspielern kann immer einer abwechselnd den »Conferencier« darstellen. Dieser gibt an, zu welchem Musikstück welche Körperteile sich berühren.

Spieler: Mindestens 2 • **Alter:** 4 bis 10 • **Spielort:** Draußen oder drinnen
Spieldauer: Etwa 5 Minuten • **Material:** Kassettenrekorder

Verrückte Roboter

Ein Mitspieler ist der Robotertechniker, alle anderen sind die Roboter. Doch die Roboter spielen alle verrückt. Sie bewegen sich wild und unberechenbar, laufen immer im Kreis, zucken mit den Schultern, stampfen mit den Füßen usw. Der Robotertechniker geht von einem Roboter zum anderen und versucht verzweifelt, den Ausschaltknopf zu finden. Der Ausschaltknopf ist irgendwo am Rücken, an den Beinen oder Armen. Jeder Roboter hat aber noch andere Knöpfe, und so kann es sein, dass er statt aufzuhören zu stampfen anfängt oder mit den Armen zu rudern. Doch nach einer Weile werden alle Ausschaltknöpfe gefunden, und ein anderer Mitspieler wird zum Robotertechniker bestimmt.

Spieler: Mindestens 2 • **Alter:** 4 bis 10 • **Spielort:** Draußen oder drinnen
Spieldauer: Etwa 5 Minuten • **Material:** Keines

Becherslalom

Auf einer freien Fläche stellt ihr in unregelmäßigen Abständen die Becher auf den Boden. Je nach Größe des Platzes und Alter der Mitspieler braucht ihr mehr oder weniger Becher. Durch Auszählen bestimmt ihr dann einen Slalomläufer. Dieser Mitspieler muss sich genau einprägen, wo die Becher stehen. Dann werden ihm die Augen verbunden, und er muss versuchen, durch den Becherparcours zu gehen, ohne einen Becher umzuwerfen. Wenn ihr draußen spielt, können die Becher mit Wasser gefüllt werden. Dann merkt der Slalomläufer ganz deutlich, wenn er einen Becher umgestoßen hat. Besonders lustig wird es, wenn ihr die Becher schnell wegnehmt, sobald dem Slalomläufer die Augen verbunden werden. Das muss leise geschehen, damit er nichts davon merkt. Er geht dann vorsichtig umher, um ja keinen Becher umzustoßen, obwohl gar keine Becher dastehen.

Spieler: Mindestens 3 • **Alter:** 4 bis 10 • **Spielort:** Draußen oder drinnen • **Spieldauer:** Etwa 10 Minuten • **Material:** Plastikbecher oder leere Konservendosen

Der Frosch und die Störche

Zählt aus, wer der Frosch ist; alle anderen sind die Störche. Anders als in der Natur fangen bei diesem Spiel nicht die Störche den Frosch, sondern der Frosch versucht, einen Storch zu erwischen. Dabei darf er sich nur so fortbewegen, wie es Frösche tun: durch Hüpfen. Die Störche fliehen, indem sie auf einem Bein hüpfen. Die abgeschlagenen Störche müssen in die Hocke gehen und dürfen sich nicht mehr bewegen. Als Hindernisse helfen sie aber den anderen Störchen, vor dem Frosch zu fliehen. Das Spiel ist beendet, wenn der Frosch alle Störche erwischt hat oder so außer Puste ist, dass er abgelöst werden muss.

Spieler: Mindestens 4 • **Alter:** 4 bis 10 • **Spielort:** Draußen • **Spieldauer:** Etwa 10 Minuten • **Material:** Keines

Flaschen schieben

Damit bei diesem Spiel die Flasche nicht kaputtgeht, sollte sie aus Plastik sein. Oder ihr spielt auf einer Wiese, dann ist der Untergrund weich genug, dass auch mit einer Glasflasche gespielt werden kann. Zuerst nehmt ihr die leere Flasche und einen langen Stock. Das kann ein Besenstiel sein oder ein Ast, der einigermaßen gerade gewachsen ist. Legt die Flasche auf den Boden und bestimmt einen Zielpunkt. Die Flasche muss nun mit dem Stock so schnell wie möglich zu diesem Zielpunkt geschoben werden. Das hört sich leichter an, als es ist, denn sie wird euch nicht den Gefallen tun, immer geradeaus zu rollen. Es gehört also Übung und Geschick dazu, die Strecke schnell hinter sich zu bringen. Veranstaltet ein Wettrennen: Wer als Erster die Ziellinie erreicht und seine Flasche wieder zum Startpunkt zurückgerollt hat, ist Sieger. Noch kniffliger wird die Aufgabe, wenn die Strecke leicht ansteigt bzw. abfällt. Geht es einen Hang hinab, müsst ihr die Flasche von vorn mit dem Stock bremsen! Leichte, leere Flaschen lassen sich einfacher rollen als Flaschen mit Inhalt. Füllt eure Flaschen in der nächsten Runde halb und in der übernächsten Runde ganz mit Wasser, und versucht aufs Neue euer Glück.

Spieler: Mindestens 2 • **Alter:** 6 bis 10 • **Spielort:** Draußen • **Spieldauer:** Etwa 10 Minuten • **Material:** 1 Plastikflasche und 1 Stock pro Spieler

Fußsteinschleuder

Zuerst sucht ihr gemeinsam einige Steine, die so groß sind, dass ihr sie mit den nackten Zehen vom Boden heben könnt. Die Steine werden alle auf einen Haufen gelegt. Einer nach dem anderen nimmt mit dem Fuß einen Stein auf und schleudert ihn von einer mit Kreide oder einem Stöckchen markierten Stelle so weit wie möglich weg. Nachdem alle an der Reihe waren, markiert jeder wieder mit einem Kreidezeichen oder einem Ästchen, wie weit er seinen Stein geschleudert hat. Dann prüft ihr, wer am weitesten geworfen hat. Dazu geht ein Mitspieler alle Wurfstrecken ab und setzt dabei einen Fuß vor den anderen. Wer die meisten »Füße« erreicht, ist Fußsteinschleuderweitwurfmeister.

Spieler: Mindestens 2 • **Alter:** 4 bis 6 • **Spielort:** Draußen • **Spieldauer:** Etwa 10 Minuten • **Material:** Steine in verschiedenen Größen, Kreide oder kleine Stöckchen

Schlangen treten

Von einer langen Schnur schneidet ihr einzelne Stücke ab, die so lang sind, dass sie auf dem Boden schleifen, wenn ihr ein Ende davon in den Hosenbund steckt. Jeder Mitspieler zieht eine solche Schnur als Schlange hinter sich her. Ältere Spieler sind schneller und wendiger und ziehen eine längere Schlange hinter sich her, jüngere eine kürzere. Auf ein Startsignal hin muss jeder versuchen, auf die Schlange der anderen Mitspieler zu treten, damit sie auf den Boden fällt. Gespielt wird innerhalb eines begrenzten Spielfelds. Wer seine Schlange bis zuletzt im Hosenbund stecken hat, ist Schlangenkönig und muss bei der nächsten Runde eine besonders lange Schlange hinter sich herziehen.

Spieler: Mindestens 3 • **Alter:** 4 bis 10 • **Spielort:** Draußen • **Spieldauer:** Etwa 5 Minuten • **Material:** 1 lange Schnur

Schubkarren fahren

Für dieses Spiel müsst ihr Zweiergruppen bilden. Ein Mitspieler legt sich auf den Bauch und stemmt sich mit den Armen hoch. Der andere nimmt die Beine des Liegenden in die Hände wie Schubkarrengriffe, und schon geht's los. Das Tempo bestimmt der Mitspieler, der den Schubkarren darstellt; der andere sollte nicht zu stark schieben. Nach ein paar Runden wird gewechselt. Zum Schubkarrenrennen stellen sich alle Zweiergruppen nebeneinander am Start auf und laufen eine bestimmte Strecke so schnell wie möglich. Dann wird gewechselt und wieder zurückgelaufen.

Spieler: Mindestens 2 • **Alter:** 4 bis 10 • **Spielort:** Draußen oder drinnen
Spieldauer: Etwa 5 Minuten • **Material:** Keines

Stacheldrachen rupfen

Jeder Mitspieler bekommt zwei rote, zwei blaue, zwei gelbe, zwei grüne und zwei weiße Wäscheklammern. Alle helfen sich gegenseitig, die Klammern auf dem Rücken zu befestigen. Dazu zieht ihr eine senkrechte Falte in den Pullover und klemmt die Wäscheklammern untereinander an. Jetzt sehen alle aus wie Stacheldrachen. Ein Mitspieler ruft eine Farbe, und dann versuchen alle, den anderen Stacheldrachen die Wäscheklammern in der vorgegebenen Farbe abzunehmen. Wer versehentlich eine falsche Klammer abnimmt, muss eine eigene abgeben. Die erbeuteten Klammern klemmt sich jeder Spieler an den Ärmel – doch auch von dort können sie stibitzt werden. Die Spielrunde ist zu Ende, wenn alle ihre Stacheln in der vorgegebenen Farbe verloren haben.

Spieler: Mindestens 5 • **Alter:** 4 bis 10 • **Spielort:** Draußen • **Spieldauer:** Etwa 5 Minuten • **Material:** Bunte Wäscheklammern

Schlittenfahrt auf dem Trockenen

Diese ganz besondere Schlittenfahrt könnt ihr gut auf einer Wiese machen. Falls ihr keine stabilen Plastiksäcke habt, könnt ihr auch eine alte Decke nehmen. Immer ein Mitspieler setzt sich auf die Plastiktüte, und ein anderer zieht ihn über den Rasen. Wer zieht, muss rückwärts gehen, und dem Gezogenen fällt die Aufgabe zu, vor Hindernissen zu warnen und die Richtung anzusagen. Nach einer Weile werden die Rollen getauscht. Legt einen Start- und Zielpunkt fest, dann könnt ihr ein Rasen-Schlittenrennen veranstalten. Ein Mitspieler zieht den anderen so schnell wie möglich zum Zielpunkt; dort wird gewechselt, und dann geht es im Eiltempo zurück zur Startlinie. Das Gespann, das als erstes ankommt, hat dieses besondere Rennen gewonnen.

Spieler: Mindestens 2 • **Alter:** 4 bis 10 • **Spielort:** Draußen • **Spieldauer:** Etwa 5 Minuten • **Material:** Stabile Plastikmüllsäcke oder alte Decken

Den Kreis leeren

Am besten lässt sich dieses Spiel auf einer Wiese oder auf einem geteerten oder gepflasterten Platz spielen. Zuerst legt ihr mit der Schnur einen Kreis mit etwa drei bis vier Meter Durchmesser. Auf einem glatten Untergrund könnt ihr diesen Kreis auch mit Kreide aufzeichnen. Danach verteilt ihr die kirsch- bis kastaniengroßen Steine im Kreis. Jeder versucht nun, nur mit den nackten Füßen so viele Steine wie möglich außerhalb des Kreises aufzuhäufen. Die Steine dürfen dabei nicht getreten oder in die Hand genommen werden. Ihr müsst sie mit den Zehen greifen, aus dem Kreis gehen und dort an einer bestimmten Stelle sammeln. Ist der ganze Kreis leer geräumt, geht jeder zu seinem Steinhäufchen und zählt, wie viele Steine er erbeutet hat.

Spieler: Mindestens 2 • **Alter:** 4 bis 10 • **Spielort:** Draußen • **Spieldauer:** Etwa 5 Minuten • **Material:** 1 lange Schnur oder Kreide, kleinere Steine

Klotz am Bein

Findet euch zu zweit zusammen, und stellt euch so nebeneinander auf, dass ihr in entgegengesetzte Richtungen schaut. Jetzt bindet ihr die beiden nebeneinander stehenden Beine mit einem Stoffband in Knöchelhöhe zusammen. Alle zusammengebundenen Paare stellen sich nebeneinander auf und verabreden einen Zielpunkt, zu dem sie so schnell wie möglich kommen müssen. Dabei ist es ganz egal, wie die Paare die Strecke zurücklegen, ob sie z. B. seitlich oder schräg laufen oder sich immer im Kreis drehen. Seid ihr einmal zum Ziel und wieder zurück gelaufen, werden die Paare für die nächste Runde neu zusammengestellt.

Spieler: Mindestens 4 • **Alter:** 4 bis 10 • **Spielort:** Draußen • **Spieldauer:** Etwa 5 Minuten • **Material:** 1 Stoffband pro 2 Spieler

Balanceakte

Zuerst sucht ihr Dinge aus, die sich gut balancieren lassen und nicht kaputtgehen, wenn sie auf den Boden fallen. Gut geeignet sind z. B. kleine Steine oder Bauklötzchen, Stifte und Radiergummis. Probiert nacheinander aus, wie gut sich die Gegenstände auf der Handfläche, auf dem Handrücken, auf dem Kopf, auf dem Finger usw. balancieren lassen. Danach gibt es einen kleinen Wettkampf. Eine festgelegte Strecke muss so schnell wie möglich zurückgelegt werden, während ein ganz bestimmter Gegenstand beispielsweise auf dem Handrücken balanciert wird. Entweder lauft ihr alle auf einmal los, oder je zwei Mitspieler starten gegeneinander. Der Schnellere kommt in die nächste Runde.

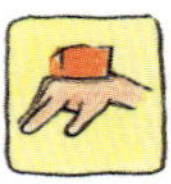

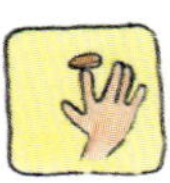

Spieler: Mindestens 3 • **Alter:** 4 bis 10 • **Spielort:** Draußen oder drinnen • **Spieldauer:** Etwa 5 Minuten • **Material:** Verschiedene Gegenstände

Über die Grenze

Ihr sammelt eine Menge kleiner Steine, Eicheln oder Kastanien. Für dieses Spiel könnt ihr aber genauso gut auch einige kleine Gummibälle oder Tischtennisbälle nehmen. Dann teilt ihr euch in zwei gleich große Gruppen ein. Nun wird mit einem Stock oder Kreidestrich eine Grenze markiert. Auf jeder Seite dieser Grenze steht eine Gruppe, jeweils etwa fünf Meter von der Grenze entfernt. Auf ein Startsignal hin beginnt jede Gruppe, die Kastanien über die Grenze zur anderen Gruppe hin zu kullern. Werfen ist verboten, vor allem, wenn ihr mit Steinen spielt! Es darf nur mit Schwung gerollt werden. Es gilt auch nicht, Steine, Eicheln und Kastanien mit dem Fuß zu treten. Jede Gruppe muss versuchen, so viele Gegenstände wie möglich auf die andere Seite der Grenze zu befördern. Nach fünf Minuten wird das Spiel gestoppt und gezählt, auf welcher Seite weniger liegt.

Spieler: Mindestens 4 • **Alter:** 4 bis 10 • **Spielort:** Draußen • **Spieldauer:** Etwa 5 Minuten • **Material:** Viele Steine, Eicheln oder Kastanien, 1 Stock oder 1 Kreide

Gummitwist

Nehmt ein etwa zwei Meter langes Gummiband und knotet es an den Enden zusammen. Zwei Mitspieler stellen sich im Abstand von eineinhalb bis zwei Metern auf und spannen das Band mit gespreizten Beinen auf Knöchelhöhe. Nun gilt es, auf die verschiedensten Arten über oder auf das gespannte Gummiband zu hüpfen. Überlegt euch verschiedene Figuren, die jeder nacheinander fehlerfrei hüpfen muss. Schwieriger wird es, wenn das Gummi auf Waden- oder Knöchelhöhe gespannt wird. Der Spieler, der einen Fehler macht, löst einen der beiden »Gummispanner« ab.

Spieler: Mindestens 3 • **Alter:** 4 bis 10 • **Spielort:** Drinnen oder draußen
Spieldauer: Etwa 15 Minuten • **Material:** 1 langes Gummiband

Himmel und Hölle

Im Hof oder auf einer Spielstraße könnt ihr mit Kreide die Kästchenfigur für »Himmel und Hölle« auf den Boden zeichnen. Es sind insgesamt zehn Kästchen, wobei die unteren acht durchnummeriert werden, die beiden oberen aber nur die Bezeichnung »Hölle« und »Himmel« tragen. In jedes Kästchen mit einer Nummer darf immer nur ein Fuß gesetzt werden, in die Hölle dürft ihr niemals treten, und im Himmel dürft ihr mit beiden Füßen stehen und ausruhen. Doch Vorsicht: Auch auf die Kästchenstriche dürft ihr nicht treten. Ein Mitspieler nach dem anderen durchhüpft nun die Figur, und ihr müsst bei jedem Durchgang vorher ausmachen, wie gehüpft werden muss. Entweder alles auf dem linken Bein, alles auf dem rechten, in die ungeraden Kästchen mit dem linken, in die geraden mit dem rechten oder auf irgend eine andere Weise. Wer einen Fehler macht, bekommt einen Strafpunkt, der auf dem Asphalt als Strich aufgezeichnet wird. Etwas schwerer wird es, wenn ihr einen flachen Stein ins Spiel bringt. Er wird entweder in ein bestimmtes Kästchen oder in den Himmel geworfen, das Feld darf dann nicht betreten werden. Auf dem Rückweg muss der Stein aufgehoben werden. Das Kästchen darf dabei wiederum nicht betreten werden. Wer nach all den verschiedenen Durchgängen am wenigsten Strafstriche hat, ist Himmelskönig oder Himmelskönigin.

Spieler: Mindestens 2 • **Alter:** 4 bis 10 • **Spielort:** Draußen • **Spieldauer:** Etwa 15 Minuten • **Material:** 1 Kreide, 1 Stein

Ball- und Ballonspiele

Es gibt wohl niemanden unter euch, der keinen Ball besitzt, egal, ob es ein Tischtennisball, ein Tennis- oder Fußball ist. Und auch ein Luftballon lässt sich in Windeseile auftreiben. Mit den Spielen im folgenden Kapitel könnt ihr also sofort loslegen – denn für die allermeisten braucht ihr nicht mehr als eben diesen Ball oder Luftballon. Und natürlich einen Mitspieler, oder noch besser mehrere, dann macht das Ganze noch einmal so viel Spaß.

Wer hat den Ball?

Ein Mitspieler wird durch Auszählen als erster Ballwerfer bestimmt. Er dreht sich um, und die anderen halten sich einige Meter entfernt bereit. Der Werfer schleudert den Ball über den Kopf nach hinten, die anderen fangen ihn auf. Dann stellen sich alle in eine Reihe, einer hält den Ball hinter dem Rücken. Alle anderen halten ebenfalls die Arme nach hinten. Dann rufen sie: »Sag geschwind, du schlaues Kind, wo sich denn der Ball befindt.« Der Werfer dreht sich jetzt um, mustert die anderen Mitspieler genau und antwortet: »Ich bin schlau und weiß genau: Der/die … hat den Ball.« Hat er richtig getippt, ist der Nächste als Werfer an der Reihe. Lag er falsch, muss er den Ball noch einmal werfen.

Spieler: Mindestens 4 • **Alter:** 4 bis 10 • **Spielort:** Draußen
Spieldauer: Etwa 5 Minuten • **Material:** 1 Ball

Treffball

Alle stehen im Kreis, in dessen Mitte einer der Mitspieler den Ball so hoch wie möglich wirft und dabei den Namen eines der Kinder aus dem Kreis laut ruft. Dann laufen alle so schnell wie möglich auseinander. Der genannte Mitspieler muss hingegen den Ball fangen. Sobald er ihn in Händen hält, ruft er laut »Stopp!«, und alle bleiben stehen. Jetzt versucht der Spieler, mit dem Ball einen der anderen zu treffen. Dabei darf keiner seinen Platz verlassen. Die Mitspieler dürfen sich jedoch ducken oder auf andere Weise versuchen, dem Ball auszuweichen. Wer getroffen wird, muss als Nächster in die Kreismitte.

Spieler: Mindestens 4 • **Alter:** 6 bis 10 • **Spielort:** Draußen
Spieldauer: Etwa 5 Minuten • **Material:** 1 Ball

Die Wege gehen auseinander

Alle Mitspieler stehen im Kreis, jeder hat ein paar alte Zeitungen neben sich auf dem Boden liegen. Nun wird der Ball vom einen zum anderen geworfen, und jedes Mal, wenn ein Mitspieler den Ball gefangen hat, darf er sich schnell bücken und einen Bogen Papier aus seinem Zeitungsstapel als Weg auf den Boden legen und einen Schritt tun. Die Wege müssen vom Kreis wegführen, sodass es immer schwieriger wird, den Ball zu fangen. Wenn ein Mitspieler den Ball dreimal hintereinander nicht fängt, scheidet er aus. Gewonnen hat, wer zum Schluss übrig bleibt und wer den längsten Zeitungsweg auf den Boden legen konnte.

Spieler: Mindestens 3 • Alter: 4 bis 10 • Spielort: Draußen
Spieldauer: Etwa 10 Minuten • Material: Alte Zeitungen, 1 Ball

Durch den Tunnel

Für dieses Spiel müsst ihr zunächst einen Tunnel bauen. Stellt mehrere Stühle mit den Lehnen zueinander in zwei Reihen auf. Dazwischen lasst ihr so viel Platz, dass ihr bequem durchkriechen könnt. Über die Lehnen werden nun Tücher und Decken geworfen, sodass ein abgedunkelter Tunnel entsteht. Auf jeder Seite des Tunnels versammelt sich die Hälfte der Mitspieler. Der Erste einer Gruppe bekommt den aufgeblasenen Luftballon in die Hand. Auf ein Startzeichen krabbelt er auf allen Vieren so schnell wie möglich durch den Tunnel, während alle anderen laut zählen, wie lange er braucht. Auf der anderen Seite gibt er den Ballon dem Mitspieler, der dort als Erster in der Reihe steht, und stellt sich selbst ganz hinten an. Die erste Runde ist zu Ende, wenn alle Kinder einmal durch den Tunnel gekrabbelt sind. Wer hat am schnellsten den Ballon übergeben?

Spieler: Mindestens 6 • Alter: 4 bis 8 • Spielort: Drinnen • Spieldauer: Etwa 10 Minuten • Material: Stühle, Tücher, Decken, 1 Luftballon

Ball treiben

Auf einem Platz wird mit Kreide ein Kreis von etwa zwei Meter Durchmesser gezeichnet (auf einer Wiese kann der Kreis auch mit Kieselsteinen markiert werden). In die Mitte des Kreises wird der große Ball gelegt. Alle Mitspieler stellen sich rundum in einer Entfernung von etwa drei Meter zum Kreis auf. Jeder hat ein paar kleinere Bälle – Tennisbälle, Gummibälle oder Softbälle – und muss nun versuchen, den großen Ball aus dem Kreis herauszuschießen. Der erste Mitspieler beginnt und wirft einen Ball. Jetzt ist derjenige an der Reihe, der schräg gegenüber steht. So wird der Ball immer wieder in die Mitte getrieben, bevor es schließlich jemandem gelingt, ihn ganz aus dem Kreis hinauszubefördern.

Spieler: Mindestens 3 • **Alter:** 4 bis 10 • **Spielort:** Draußen • **Spieldauer:** Etwa 5 Minuten • **Material:** 1 großer Ball, viele kleinere Bälle, Kreide

Luftballons sammeln

Jeder von euch bekommt fünf Luftballons in einer Farbe. Dann werden gemeinsam alle Luftballons aufgeblasen. Die aufgeblasenen Ballons liegen jetzt auf einem Haufen, und alle Spieler wirbeln sie wild durcheinander. Auf ein Startzeichen hin versucht jeder, die fünf Luftballons in seiner Farbe einzusammeln. Das geht gar nicht so einfach, weil andere Mitspieler und fremde Luftballons einem immer in die Quere kommen. Jeder Mitspieler sammelt seine Ballons etwas abseits vom Tumult, bis er alle zusammen hat. Sieger ist, wer das als Erster geschafft hat. Die Spielrunde ist zu Ende, wenn jeder seine fünf Luftballons eingefangen hat.

Spieler: Mindestens 3 • **Alter:** 4 bis 8 • **Spielort:** Draußen oder drinnen
Spieldauer: Etwa 5 Minuten • **Material:** 5 Luftballons in der gleichen Farbe pro Spieler

Luftballontennis

Zunächst finden sich alle in Zweiergruppen zusammen und blasen einen Luftballon auf. Dann nimmt jeder zwei Enden eines Handtuchs in die Hände, sodass der Luftballon mit dem gespannten Handtuch hochgeschleudert werden kann. Jede Zweiergruppe versucht nun, den Luftballon so lange wie möglich in der Luft zu halten und ihn dabei so kurz wie möglich mit dem Handtuch zu berühren. Nach dieser kurzen Übung beginnt das eigentliche Spiel. Je zwei Gruppen stehen sich gegenüber und spielen sich einen Luftballon mit dem Handtuch zu. Mit etwas Übung ist es sogar möglich, mit zwei Luftballons gleichzeitig zu spielen.

Spieler: Mindestens 4 • **Alter:** 4 bis 10 • **Spielort:** Draußen • **Spieldauer:** Etwa 5 Minuten • **Material:** 1 Luftballon und 1 Handtuch pro 2 Spieler

Zeitungshockey

Beim Zeitungshockey sind die Schläger nicht aus Holz, sondern aus Zeitungspapier. Legt drei oder vier Doppelseiten aufeinander, und rollt sie von einer Ecke her schräg ein. Es entsteht eine lange Röhre, mit der ihr einen Tennisball über den Boden treiben könnt. Ihr müsst dabei aber vorsichtig sein, denn wenn ihr zu fest schlagt, knicken die Zeitungsschläger, und der Ball lässt sich nicht mehr so gut lenken. Ihr legt jetzt einen Start- und einen Zielpunkt fest und baut einen Hockeyparcours, der beispielsweise um den Tisch, unter dem Stuhl hindurch, hinaus in den Flur und wieder zurück führen kann. Wer am schnellsten ist, hat gewonnen.

Spieler: Mindestens 2 • **Alter:** 4 bis 10 • **Spielort:** Draußen oder drinnen
Spieldauer: Etwa 5 Minuten • **Material:** Alte Zeitungen, 1 Tennisball

Zimmerball

Zimmerball wird zu zweit oder zu mehreren gespielt, und zwar am besten in einem Raum, der nicht sehr voll ist. Ihr braucht aber vier Stühle, um zwei Tore zu markieren. Die Tore sollten möglichst weit auseinander stehen. Wenn ihr zwei Mannschaften gebildet habt, kann es losgehen. Zimmerball kann mit verschiedenen Körperteilen gespielt werden. Zuerst geht ihr auf allen Vieren und versucht, den Ball mit dem Kopf ins gegnerische Tor zu befördern. Danach wird der Ball immer nur mit einem Ellbogen gestoßen. Wichtig: Der Ball darf nur rollen und nicht durch die Luft fliegen. Schließlich könnt ihr den Ball auch mit dem Knie spielen, aber immer müsst ihr auf allen Vieren kriechen.

Die Mannschaft mit den meisten Toren hat gewonnen.

Spieler: Mindestens 2 • **Alter:** 4 bis 10 • **Spielort:** Drinnen • **Spieldauer:** Etwa 15 Minuten • **Material:** 4 Stühle, 1 Ball

Ball im Kreis

Alle Mitspieler stehen im Kreis, nur einer steht als Ballgreifer in der Mitte des Kreises. Nun wird der Ball von Mitspieler zu Mitspieler weitergegeben. Der Ballgreifer versucht, einen Mitspieler zu berühren, der den Ball gerade in Händen hält. Es ist also wichtig, den Ball sofort weiterzugeben oder den Ball blitzschnell in die andere Richtung zu reichen. Gelingt es dem Ballgreifer, einen Mitspieler zu berühren, während er den Ball hält, tauschen die beiden die Rollen. Wird der Kreis aus nur wenigen Mitspielern gebildet, kann der Ball auch geworfen werden. In diesem Fall muss der Ballgreifer den Ball fangen. Gelingt ihm das, muss der Werfer ihn in der Kreismitte ablösen.

Spieler: Mindestens 6 • **Alter:** 4 bis 10 • **Spielort:** Draußen oder drinnen
Spieldauer: Etwa 5 Minuten • **Material:** 1 Ball

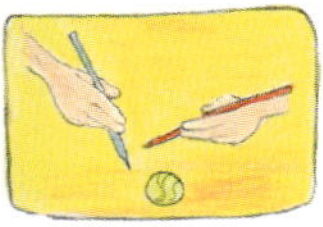

Chinesischer Balltransport

Balltransport auf chinesische Art funktioniert immer zu zweit. Jede Zweiergruppe bekommt einen Tennisball und zwei Stifte. Dann wird in ein paar Meter Entfernung ein Eimer oder Papierkorb aufgestellt, zu dem die Tennisbälle transportiert werden müssen. Nun nimmt jeder einen Stift in jede Hand. Fasst die Stifte wie chinesische Essstäbchen, und hebt dann immer zu zweit euren Tennisball hoch. Vorsichtig balanciert nun jede Gruppe ihren Ball so schnell wie möglich zum Ziel und lässt ihn in den Eimer fallen. Wenn der Ball unterwegs herunterfällt, darf er nur mit den Stiften aufgenommen und nie mit der Hand berührt werden. Die Verlierergruppe des ersten Laufs bekommt nun einen Meter Vorsprung vor den anderen, wenn es in die zweite Runde geht. Dann nämlich wird der Eimer viel weiter entfernt aufgestellt, in einem anderen Zimmer, über die Treppe oder drei Bäume weiter.

Spieler: Mindestens 4 • Alter: 4 bis 10 • Spielort: Draußen oder drinnen
Spieldauer: Etwa 5 Minuten • Material: 1 Tennisball und 2 Stifte pro 2 Spieler, 1 Eimer oder 1 Papierkorb

Ballonwurf

Zwei Gruppen stehen sich im Abstand von zwei Metern gegenüber. Im Zwischenraum liegen aufgeblasene Luftballons. Auf ein Startsignal hin nehmen alle einen Ballon und werfen ihn hinter die gegnerische Linie. Die jeweils anderen müssen versuchen, die Ballons abzufangen. Gelangt ein Ballon hinter eine der Linien, darf er nicht mehr angefasst werden. Die Mitspieler dürfen sich also nicht umdrehen oder zurückgehen. Liegen keine Luftballons mehr zwischen den Reihen, wird gezählt. Die Gruppe, hinter deren Reihe weniger Luftballons liegen, hat gesiegt.

Spieler: Mindestens 6 • **Alter:** 4 bis 10 • **Spielort:** Draußen • **Spieldauer:** Etwa 5 Minuten • **Material:** Luftballons

Rollball

Auf einer Wiese oder besser noch auf einer asphaltierten Fläche legt ihr aus kleinen Kieselsteinen zwei parallele Reihen. Das ist die Rollballbahn, durch die der Tennisball gerollt werden muss. Die Bahn ist zu Beginn des Spiels nur etwa einen halben Meter lang und etwa zwanzig Zentimeter breit. Am Ende der Bahn liegt ein Tennisball. Nacheinander schießt ihr jetzt den zweiten Tennisball mit Gefühl durch die Bahn, sodass er am Ende auf den anderen Ball trifft. Die Kieselsteinchen darf er nicht berühren. Jeder Mitspieler hat drei Versuche. Bei jedem Durchlauf wird die Rollballbahn ein Stückchen verlängert. Bei einer sehr langen Bahn darf der Wurfball die Steinchen berühren, es gibt dafür aber einen Minuspunkt. Trifft keiner mehr den Ball, wird ausgezählt, wer die wenigsten Minuspunkte hat.

Spieler: Mindestens 2 • **Alter:** 4 bis 10 • **Spielort:** Draußen • **Spieldauer:** Etwa 10 Minuten • **Material:** Kieselsteine, 2 Tennisbälle

Ballonlauf

Jeder Mitspieler bläst drei Luftballons auf. Nun stellen sich alle nebeneinander an einer Startlinie auf. Jeder hat einen Luftballon zwischen die Oberschenkel geklemmt und hält links und rechts einen Ballon unterm Arm. Auf ein Signal hin laufen alle los bis zu einem zuvor festgelegten Punkt, etwa einem Baum oder einer Hausecke. Dort wird gewendet. Wer als Erster wieder an der Startlinie ist, hat gewonnen. Unterwegs darf kein Ballon verloren gehen oder platzen. Wer einen Ballon verliert, muss drei Schritte zurück gehen. Platzt ein Ballon, muss der Mitspieler zurück zur Startlinie, einen neuen Luftballon nehmen und von vorn beginnen.

Spieler: Mindestens 2 • **Alter:** 4 bis 10 • **Spielort:** Draußen • **Spieldauer:** Etwa 5 Minuten • **Material:** Pro Spieler 3 Luftballons

Schuss auf den Ballon

Ein aufgeblasener Ballon wird an einen Ast oder einen Pfahl gebunden. Alle Mitspieler entfernen sich dann zehn große Schritte weit und versuchen, den Ballon mit Kieselsteinchen zu treffen. Einer nach dem anderen wirft jeder jeweils ein Steinchen. Wer den Ballon trifft, bekommt einen Punkt; wer ihn zum Platzen bringt, der erhält fünf Punkte. Gespielt wird so lang, bis ein Mitspieler 50 Punkte hat. In der nächsten Runde wird es schwieriger. Ihr müsst euch mit dem Rücken zum Ballon stellen, nach vorn beugen und versuchen, zwischen den Beinen hindurch auf den Ballon zu treffen.

Spieler: Mindestens 2 • **Alter:** 4 bis 10 • **Spielort:** Draußen • **Spieldauer:** Etwa 10 Minuten • **Material:** Luftballons, Schnur, Kieselsteinchen

Ballschule

Eine Schule, die wirklich Spaß macht, ist die Ballschule. Sie ist nach Schwierigkeitsgraden eingeteilt, sodass ihr am besten in der Grundschule beginnt. Das Grundprinzip ist ganz einfach: Der Reihe nach wirft jeder den Ball nach den vorgegebenen Regeln gegen die Wand und fängt ihn wieder auf. Macht ein Spieler einen Fehler, ist der nächste an der Reihe. Als Fehler gilt, wenn ihr den Ball fallen lasst oder eine Übung auslasst. Wer fehlerfrei eine Aufgabe gemeistert hat, darf die nächste versuchen.

Grundschule

➜ 10-mal mit der rechten Hand den Ball gegen die Wand werfen und mit beiden Händen fangen.

➜ 9-mal mit der linken Hand den Ball gegen die Wand werfen und mit beiden Händen fangen.

➜ 8-mal mit der rechten Hand den Ball gegen die Wand werfen und mit der rechten Hand fangen.

➜ 7-mal mit der linken Hand gegen die Wand werfen und mit der rechten Hand fangen.

➜ 6-mal mit der rechten Hand den Ball gegen die Wand werfen und mit der linken Hand fangen.

➜ 5-mal den Ball mit der linken Hand gegen die Wand werfen und mit der linken Hand fangen.

➜ 4-mal den Ball mit der rechten Hand gegen die Wand werfen, jeweils an die Wand zurückprellen und mit der rechten Hand fangen.

➜ 3-mal den Ball mit der linken Hand gegen die Wand werfen, jeweils an die Wand zurückprellen und mit der linken Hand fangen.

➜ 2-mal mit beiden Händen den Ball gegen die Wand werfen, jeweils hinter dem Rücken die Hände zusammenklatschen und dann mit beiden Händen fangen.

➜ 1-mal mit beiden Händen den Ball gegen die Wand werfen, sich um die eigene Achse drehen und mit beiden Händen fangen.

Spieler: Mindestens 2 • **Alter:** 4 bis 10 • **Spielort:** Draußen • **Spieldauer:** Etwa 30 Minuten • **Material:** 1 Ball

Oberschule

➜10-mal den Ball mit beiden Händen gegen die Wand werfen, in die Hände klatschen und dann mit beiden Händen fangen.

➜9-mal mit der rechten Hand den Ball gegen die Wand werfen, in die Hände klatschen und dann mit der rechten Hand fangen.

➜8-mal mit der linken Hand den Ball gegen die Wand werfen, in die Hände klatschen und dann mit der linken Hand fangen.

➜7-mal den Ball mit beiden Händen gegen die Wand werfen, jeweils mit gefalteten Händen und verschränkten Fingern zurück gegen die Wand prellen, dann mit beiden Händen fangen.

➜6-mal den Ball mit beiden Händen gegen die Wand werfen, jeweils einmal hinter dem Rücken und einmal vorn in die Hände klatschen, dann mit beiden Händen fangen.

➜5-mal den Ball unter dem angehobenen rechten Bein hindurch gegen die Wand werfen und mit beiden Händen fangen.

➜4-mal den Ball unter dem angehobenen linken Bein hindurch gegen die Wand werfen und mit beiden Händen fangen.

➜3-mal mit beiden Händen den Ball gegen die Wand werfen, jeweils gegen die Wand zurückköpfen und dann mit beiden Händen fangen.

➜2-mal den Ball mit dem Rücken zur Wand werfen, sich schnell umdrehen und mit beiden Händen fangen.

➜1-mal den Ball mit beiden Händen gegen die Wand werfen, sich einmal um die eigene Achse drehen und mit einer Hand fangen.

Tischtennisballrennen

Dieses Rennen findet auf einer glatten Fläche statt. Jeder Mitspieler bekommt einen Tischtennisball und einen Luftballon. Markiert eine Start- und eine Ziellinie. Legt eure Tischtennisbälle auf die Startlinie, und kauert euch dahinter. Auf ein Startzeichen hin bläst jeder seinen Luftballon auf, nimmt den »Hals« des Ballons in die Hand und richtet den austretenden Luftstrom so auf seinen Tischtennisball, dass er auf die Ziellinie zugetrieben wird. Derjenige, dessen Ball zuerst die Ziellinie überquert, hat gewonnen. Schwieriger, aber auch interessanter wird das Spiel, wenn die Strecke um ein paar Hindernisse herum führt.

Spieler: Mindestens 2 • Alter: 4 bis 10 • Spielort: Draußen oder drinnen
Spieldauer: Etwa 5 Minuten • Material: 1 Tischtennisball und 1 Luftballon pro Spieler

Kegeln rückwärts

Stellt die leeren Jogurtbecher mit der Öffnung nach unten wie beim Kegeln neben- und hintereinander auf. Einige Schritte entfernt macht ihr eine Markierung auf den Boden. Der erste Mitspieler stellt sich mit dem Rücken zu den Bechern an diese Linie, grätscht die Beine, beugt sich nach vorn und rollt den Ball dann durch die Beine hindurch auf die Kegel zu. Der Ball muss die ganze Strecke auf dem Boden rollen. Pro umgeworfenen Becher gibt es einen Punkt. Dann werden die Becher wieder aufgestellt, und der nächste Spieler ist an der Reihe. Sieger ist, wer als Erster 100 Punkte erreicht hat.

Spieler: Mindestens 3 • Alter: 4 bis 10 • Spielort: Draußen oder drinnen
Spieldauer: Etwa 30 Minuten • Material: 9 leere Jogurtbecher, 1 Ball

Alle Spiele von A bis Z

SERIE PIPER

Warum fallen schlafende Vögel nicht vom Baum?

Wunderbare Alltagsrätsel. Herausgegeben von Mick O'Hare/New Scientist. Aus dem Englischen von Helmut Reuter. Mit Illustrationen von Spike Gerrell. 247 Seiten. Serie Piper

Haben Sie etwa schon einmal einen schlafenden Vogel vom Baum fallen sehen? Warum niesen wir, wenn wir in die Sonne schauen? Warum fliegen fliegende Fische? Warum ist der Himmel blau? Unsere Welt ist voller kleiner Rätsel! Die berühmte englische Zeitschrift »New Scientist« hat für solche Fragen und Antworten eine »letzte Seite« eingerichtet. Dort antworten Leser aus aller Welt den Lesern aus aller Welt. Die schönsten, skurrilsten, hintergründigsten und auch normalsten Fragen und Antworten bietet dieses Buch. Es gibt viel zu staunen und zu lernen über die Welt um uns herum.

»Eine unterhaltsame Lektüre für all jene, die das Staunen über die kleinen Dinge des Alltags noch nicht verlernt haben.«
Die Welt

05/1457/01/L

Was macht die Mücke beim Wolkenbruch?

Neue wunderbare Alltagsrätsel. Herausgegeben von Mick O'Hare/New Scientist. Aus dem Englischen von Helmut Reuter. Illustrationen von Spike Gerrell. 240 Seiten. Serie Piper

Was macht eine Mücke bei einem wirklich schweren Wolkenbruch? Warum krähen Hähne fast immer am Morgen? Und wieso sind Eier eiförmig? Unsere Welt ist voller kleiner Rätsel, über die die Menschen staunen. Für alle, die solche Fragen bewegen, hat die berühmte englische Zeitschrift »New Scientist« eine Seite eingerichtet. Dort antworten Leser auf Leserfragen aus aller Welt. Der Herausgeber hat die skurrilsten und hintergründigsten Fragen und Antworten herausgesucht. Es gibt jede Menge zu staunen und zu lernen!

»Auch dieses köstliche Wissenschaftsbrevier möchte man in einem Rutsch verschlingen.«
Westfälische Rundschau

05/1528/01/R

Gisela Dürr, Martin Stiefenhofer

Schöne alte Kinderspiele

Ideen für Kinder aller Altersstufen. Mit zahlreichen farbigen Abbildungen. 144 Seiten. Serie Piper

Von Schnitzeljagd und Hahnenkampf über Knobeln und Murmelschießen bis zu »Hänschen, piep mal« und Kettenfangen – dieses reizend illustrierte Buch enthält über 170 alte Kinderspiele für alle Altersgruppen. Kniereime, Abzählverse und Rätsel, Sing- und Tanzspiele, Ball- und Seilspiele, Gedächtnis- und Sprachspiele, Versteck- und Laufspiele und vieles mehr sind hier versammelt.

Ein Spieleschatz, der die Fantasie und die Entwicklung der Kinder fördert und unerschöpfliche Anregungen gibt für alle, die gern mit Kinder spielen.

05/1628/01/L

Eberhard Trumler

Hunde ernst genommen

Zum Wesen und Verständnis ihres Verhaltens. Mit einem Vorwort von Irenäus Eibl-Eibesfeldt. 307 Seiten mit 29 Schwarzweißfotos und zahlreichen Zeichnungen. Serie Piper

Mensch und Hund: Eine der ältesten Symbiosen der Menschheitsgeschichte und doch voller Mißverständnisse. Unter der Domestizierung durch den Menschen veränderten sich Verhalten, körperliche Eigenschaft und Kenntnisse des Hundes. Auch falsch verstandene Tierliebe oder Ehrgeiz führen zu Fehlverhalten bei Hunden. Eberhard Trumler hat mit diesem Buch einen entscheidenden Beitrag zum Verständnis des Hundes vorgelegt. Er konzentriert sich dabei auf die Entwicklung des Verhaltens beim Jungtier und die Hundeerziehung. Erste Voraussetzung für das harmonische Zusammenleben zwischen dem Menschen und seinem vierbeinigen Freund ist ein Gesundes Sozialverhalten beim Hund. So stehen im Mittelpunkt dieses Buches gruppenbildende Verhaltensweisen und wichtige Zusamenhänge der Mensch-Hund-Beziehung.

05/1553/01/R